KB188416

중남미 국제개발협력의 변화와 전망

코로나19 이후 SDGs 체제에서의 과제

이 저서는 2019년 대한민국 교육부와 한국연구재단의 지원을 받아 수행된 연구임
(NRF-2019S1A5C2A04083308)

계명대학교
국제학연구소
학술총서 05

중남미
국제개발협력의
변화와 전망

코로나19 이후 SDGs 체제에서의 과제

정상희·임소진 지음

한울
아카데미

차 례

서론

2019년 코로나19의 발생으로 인해 전 세계는 총체적인 위기 상황에 직면했다. 코로나19의 확산은 보건 분야뿐 아니라 정치, 경제, 사회 등 모든 영역에서 위기 상황을 발생시켰다. 국제사회는 특정 지역을 중심으로 발생했던 자연재해 등 일반적인 긴급구호와는 다른 차별화된 방식으로 이러한 총체적인 위기에 대응해야 할 필요성을 인식하게 되었다. 코로나19가 언제 완전히 종식될지 아직 알 수 없으며 코로나19가 종식된 이후에도 코로나19 이전과 같은 상황으로 돌아가지 못할 것이라는 전망도 나오고 있다. 한편에서는 인류의 역사는 '코로나19 이전(Before Corona: BC)'과 '코로나19 이후(After Corona: AC)'로 나뉠 것이라는 말이 나오기도 했다(김영근, 2020: 49).

세계화는 상호연계성(interconnection)과 상호의존성(interdependence)이라는 키워드로 설명할 수 있는데, 이러한 세계화가 점차 심화되고 있다. 이러한 상황에서 글로벌 과제는 전 세계 모든 지역에서 발생하는 이슈를 의미한다. 그중에서도 환경문제는 대표적인 글로벌 과제로 인식되고 있다. 환경문제 외에도 빈곤, 경제위기와 같이 과거에는 한정된 지역과 국가를 중심으로 발생하고 영향을 미쳤던 이슈가 세계화 시대에 글로벌화하는 특성을 보이고 있다. 이처럼 국제사회가 변화하는 상황에서 코로나19로 인해 글로벌 과제의 중요성이 부각되었다.

이처럼 코로나19는 전 세계의 국가와 다양한 이해관계자들의 협력과 연대를 통해 대응해야 하는 대표적인 글로벌 과제이다. 그러나 코로나19의 발생 초기, 세계화 추세는 오히려 후퇴하는 경향이 나타났고, 이는 반세계화(deglobalization)의 움직임으로 분석되었다. 반세계화 움직임은 코로나19가 발생한 이후 각 국가들이 취했던 국경 폐쇄, 이동 금지, 사회적 거리두기 같은 봉쇄정책을 비롯해, 백신전쟁과 같이 국가들을 중심으로 발생했던 갈등으로 인해 비롯되었다. 또한 이러한 상황에서 국가의 기능이 강화되고 인종 간 혐오와 배타적인 분위기가 심화되었는데, 이는 새로운 민족주의의 형태로 발전되었다(정상희, 2021).

과거 글로벌 과제로 인해 발생한 위기는 대응 가능한 물적·인적 역량이 미비했던 개발도상국에게 주로 많은 피해를 끼쳐왔다. 그러나 코로나19로 인한 초기 피해는 기존 국제사회에서 핵심국으로 불리던 미국과 유럽의 주요 국가에 광범위한 규모로 영향을 미쳤다. 이와 관련해 미국 등 서구의 국가들을 중심으로 하던 기존 국제사회의 권력 구도가 재편될 가능성도 전망되었다. 즉, 바이러스의 진원지를 두고 미국과 중국 간 갈등 양상이 나타났는데, 중국은 초기의 미흡한 대응을 만회하기 위해 유럽연합(European Union: EU)에 의료용품, 보건용품 등을 지원하고 자국의 방역 성과를 국내외적으로 알렸다. 또한 5G 네트워크, 데이터 센터 등 새로운 인프라 구축과 마스크, 인공호흡기, 인공지능 기반 진단기술 등을 통해 전 세계 국가를 지원했으며 이를 통해 자국의 리더십 회복을 시도했다(정상희, 2021). 한국과 대만은 방역의 모범사례로 주목받았고 한국 정부는 방역체계에 대한 경험을 세계적으로 공유하고 방역물품을 지원하면서 국제적인 연대와 협력을 강조하는 대표적인 국가로 부상했다(정상희, 2021).

앞에서 언급했던 것처럼, 코로나19로 인해 국제적인 협력과 연대는 중요한 요소로 고려되었으나 현실적으로 국가 간 이동에서 통제가 이루어지고 무역과 교류가 제한되었으며, 타 국가와 국민에 대한 차별적인 조치가 강화되었다. 이 외에도 중국과 동남아시아, 유럽 국가들, 북미와 남미의 국가 등 지역별로 반자치적인 성격의 지역통합체가 출현했으며, 세계보건기구(World Health organization: WHO)와 같은 국제기구의 위축 가능성에 대한 전망도 언급되었다(이상만, 2020).

중남미 지역 차원에서는 연대와 협력의 움직임이 가시화되었는데, 중남미에서 남남협력(South-South Cooperation)[1]의 상징적인 국가인 쿠바는 의료외교를 통해 중미 국가와 카리브 국가를 지원했다. 한편, 중미 지역의 대표적인 지역협력체인 중미통합기구(Sistema de Integración Centroamericana: SICA) 회원국들은 코로나19에 대응하기 위한 지역연합계획(Plan Regional Centroamerica Unida contra el Coronavirus)을 수립했다. 지역연합계획은 중미 국가들이 코로나19에 대응하고 긴급 자금

---

1   개발도상국 간 협력을 의미하는 용어이다.

지원, 의약품 구매에 대한 가격 통제, 정보의 전달을 위한 커뮤니케이션 전략 개발, 지역 내 무역과 인력의 자유로운 이동 같은 공동의 의제를 논의하기 위해 회원국 간 정보를 공유하고 조정하는 플랫폼으로 볼 수 있다.

이처럼 국제사회에서 국가 간 갈등 또는 연대의 움직임이 전개됨에 따라 향후 국제개발협력의 지원정책과 방식이 변화할 것으로 전망되고 있다. 2000년 새천년개발목표(Millenium Development Goals: MDGs)의 후속체제인 2016년 지속가능한 개발목표(Sustainable Development Goals: SDGs)에서는 국제개발협력 체제의 변화가 이미 가속화되었다. 대표적으로 OECD 개발원조위원회(Development Assistance Committee: DAC)의 회원국 외 신흥 공여국(Emerging Donors)과 다양한 민간 부문에서 행위주체가 등장했으며 이들의 역할이 확대되고 있다.

또한 전통적으로 정의되어 왔고 수직적인 구도가 반영되었던 수원국과 공여국이라는 용어의 개념도 변화하고 있다. 특히 중남미에서 수원국과 공여국의 이중적인 역할을 하는 국가가 증가했다. 지원방식 역시 남남협력(South-South Cooperation)과 중소득국(Middle Income Countries: MICs)의 역할이 포함된 삼각협력(Triangular Cooperation)[2]처럼 수직과 수평의 구도가 혼합된 다양한 형태로 이루어지고 있다. 실례로 중국은 전통적인 국제개발협력 체제에서는 수원국이자 신흥 공

2　삼각협력은 수원국, 공여국뿐만 아니라 중소득국도 행위주체로 참여하는 협력 형태를 의미한다.

여국이었으나 코로나19 때에는 전통적인 공여국이던 유럽 국가들을 지원했다.

한편 국제개발협력은 글로벌 과제를 해결하기 위한 수단으로 그 개념이 확대되어 왔으나 코로나19는 미국과 유럽 등 전통적인 공여국에도 영향을 끼쳤다. 이로써 기존 공여국을 중심으로 했던 국제개발협력 체제가 향후 어떻게 변화할 것인지 예측하기 어려운 상황에 놓이게 되었다.

이 책은 '중소득국(MICs)의 대륙'으로 지칭되면서 특히 파리선언(Paris Declaration)[3] 이후 전통적인 공여국을 중심으로 지원이 감소되어 왔던 중남미 지역에 초점을 두었다. 이는 코로나19로 인해 중남미 국가들에 광범위한 피해가 발생했기 때문이다. 또한 코로나19 이전부터 중남미 지역에는 수원국이나 신흥 공여국이던 멕시코, 칠레,[4] 브라질, 콜롬비아 같은 국가들이 늘어나고 있었다. 이에 따라 기존 공여국들은 개발협력뿐 아니라 다양한 부문에서 이 국가들과의 새로운 협력의 형태를 추구해 왔으며, 이를 통해 원조효과성을 개선하기 위한 노력을 진행해 왔다.

이 책은 다음과 같이 구성했다. 서론에 이어 1장에서는 중남미의 지속가능개발목표(SDGs)의 달성 현황을 분석하고 코로나19가 발생한 이후 SDGs를 달성한 상황에 대해 전망한다. 국제사회는 코로나19를

---

3 파리선언은 2005년 원조의 질과 개발에 미치는 영향을 개선하기 위해 실질적인 로드맵을 제시했던 고위급회의이다. ODA Korea(www.odakorea.go.kr) 참조.
4 칠레는 OECD DAC의 수원국 리스트(2014~2017)에서 졸업국으로 분류되어 있다.

SDGs를 달성하는 과정에서 예상치 못했던 가장 심각한 장애물로 인식하고 있다. 이처럼 현 시점에서 SDGs의 달성 여부는 불투명한 상황이다.

콜롬비아는 개발도상국으로서는 최초로 '리우+20(Rio+20) SDGs'라는 국제개발목표 초안을 제시했다. 또한 중남미 33개국 중 24개국은 SDGs의 이행 정도를 보고하는 '자발적 국가 검토보고서(VNR)'를 제출했다. 칠레, 우루과이, 코스타리카 3개국은 중남미 지역 내에서 SDGs 이행 정도가 가장 높게 나타나고 있으나 이들 국가의 국제적 순위는 30위 정도에 그치고 있다. 이러한 상황에서 중남미 국가들은 코로나19로 인해 SDGs를 달성하는 데서 많은 영향을 받을 것으로 전망되고 있다. 이처럼 1장에서는 코로나19 발생 이전과 비교할 때 중남미 주요 국가의 SDGs 목표별 달성 현황과 변화 양상 및 전망을 고찰한다.

2장에서는 코로나19 이후 중남미 주요 국가에서 발생하고 있는 경제적·사회적 상황을 분석하고 이 국가들이 코로나19에 대처하기 위해 추진했던 초기 긴급 대응 정책의 내용을 소개한다. 코로나19에 대응하기 위한 중남미 국가들의 긴급 대응 정책은 보건 부문, 경제 부문, 사회 부문 등 다양한 분야에서 복합적인 형태로 이루어지고 있으나 선진국과는 다른 보건 체계, 경제 체계, 사회구조적 체계로 인해 이러한 정책의 결과는 긍정적인 영향을 끼치지 못했다. 이러한 배경하에 중남미와 같은 개발도상국에서는 긴급 대응 정책을 다른 형태로 추진해야 할 필요성이 논의되고 있다.

3장에서는 코로나19와 관련해 발생하고 있는 국제개발협력의 주요 이슈에 대해 다룬다. 전통적으로 개발협력에서 논의되어 왔던 젠더, 정보통신기술(Information and Communication Technologies: ICT), 환경, 도시, 교육 등의 이슈가 코로나19 발생 이후 새로운 이슈로서 어떻게 다루어지고 있는지, 각각의 분야에서 논의되고 있는 주요 쟁점은 무엇인지 분석한다. 특히 국제개발협력의 관점에서 향후 어떠한 분야와 정책에 초점을 두고 한국의 지원이 이루어져야 하는가에 대해 고찰한다.

4장에서는 국제사회의 대(對)중남미 지원정책과 현황을 분석한다. 이를 위해 미국, 독일, 프랑스, 스페인, 영국, 한국 등 전통적인 중남미 공여국의 지원정책과 현황을 살펴보며, 코로나19에 대응하기 위한 주요 공여국의 원조정책 변화를 분석한다. 또한 주요한 사업 사례를 통해 중남미 지역의 피해 양상이 어떻게 반영되고 있는지 다루는 한편, 이러한 분석을 바탕으로 국제사회의 대중남미 정책 방향에 대한 시사점을 제시한다.

마지막 5장에서는 코로나19 이후 새롭게 전개될 국제개발협력 체제의 변화와 전망을 다루면서 중소득국으로서 중남미 국가에 대해 어떠한 정책 방향을 가지고 접근해야 하는지 고찰한다.

참고문헌

김영근. 2020. 「코로나 19 재해 거버넌스에 관한 한일 비교분석」. ≪아시아연구≫. 23(2), 47~73 쪽.

이상만. 2020. 「코로나-19 정치경제와 위기의 신자유주의: 변증법적 사유」. ≪아시아연구≫. 23(2), 1~46쪽.

정상희. 2021. 「코로나19 이후 중남미 지역의 긴급대응 정책에 대한 고찰: 브라질과 멕시코 사례를 중심으로」. ≪중남미연구≫. 40호(1), 33~68쪽.

제1장

중남미 지속가능개발목표(SDGs) 달성 현황 및 전망

새천년개발목표(MDGs)는 개발협력 역사상 최초로 국제사회가 공동의 개발목표로 채택한 의제이다. MDGs는 2001년부터 2015년까지 15년의 기간 동안 국가별로 지속적인 노력을 통해 달성해야 할 총 8개의 목표를 제시했다. 이후 국제사회는 MDGs를 잇는 2차 국제개발협력 목표인 지속가능개발목표(SDGs)를 수립했다. SDGs는 2016년부터 2030년까지 또 다른 15년의 기간 동안 총 17개의 목표를 달성하고자 노력하고 있다.

이 장에서는 우선 MDGs 및 SDGs에 대해 간단하게 살펴보고, 이를 바탕으로 중남미 지역에서의 SDGs 달성 현황 및 코로나19로 인한 향후 전망에 대해 고찰한다.

1. 국제개발목표 재수립

1) 새천년개발목표(MDGs)

MDGs는 1990년대 말 경제협력개발기구(Organization for Economic Cooperation and Development: OECD)의 공여국 그룹인 개발원조위원회(DAC)에서 합의된 7대 국제개발목표에 '글로벌 파트너십'을 추가해서 수립된 총 8개의 국제개발목표이다(〈표 1-1〉 참조).

각 개발도상국에 위치한 유엔개발계획(United Nations Development Programme: UNDP) 사무소와 해당 정부, 그리고 관련 국제기구는 해마다 협업을 통해 'UN MDGs 보고서'를 작성해 MDGs 달성을 위한 성과를 분석했다. 국제사회는 15년의 이행 기간 동안 총 8개의 목표 중 목표1(절대빈곤 및 기아퇴치)만 달성했으며, 목표2, 목표3, 목표6, 목표7, 목표8은 일부만 달성하는 데 그치고 말았다. 또한 목표4(아동사망률 감소)와 목표5(모성보건 증진)는 목표 달성에 실패했다. 이러한 결과는 국가별 그리고 지역별로 높은 편차를 보여주기도 했다.

그러나 절반의 성공으로 마감된 MDGs는 많은 개발도상국에 발전을 가져다주기도 했다. 또한 이러한 미완성의 결과에도 불구하고 MDGs는 국제사회에 결과 중심의 패러다임을 정착시켰다는 측면에서 큰 의의가 있다. 즉, 시간적 목표와 정량적 목표, 그리고 측정 가능한 지표를 제시해 개발 프로젝트 이행 과정을 모니터링하고 최종 성과를 측정하는 평가의 문화를 수립했다. 또한 MDGs 이전에는 개발을 '경제성장'으로 인식하는 패러다임이 팽배했다면, MDGs의 도입으로 인해 개발을 '사회발전' 또는 '인간개발'이라는 시각으로 바라보는 변화가 시작되었다. 무엇보다도 MDGs는 모든 공여국과 개발도상국이 공동으로 추진해야 하는 국제사회 공동의 목표를 제시했다는 측면에서 중요한 역할을 했다고 할 수 있다(임소진, 2016).

반면, 이러한 현상으로 사회발전 및 인간개발이 과도하게 강조되었고, 이에 따라 국제사회는 점차 경제발전의 중요성을 등한시하는 경향을 보이기도 했다. 또한 MDGs 목표 이행의 성과를 개발도상국에서만 측정하다 보니 국제사회의 공동의 목표여야 하는 MDGs가 마치 개발도상국을 위한 과제로 인식되었으며, 개발도상국 간 당면과제와 역량의 차이를 고려하지 않고 하나의 정형화된 목표치를 제시했다는 맥락에서 한계가 있다고 평가되기도 한다. 나아가 MDGs의 목표, 지표와 목표치를 수립하는 과정에서 일부 선진공여국과 국제기구의 의견만 반영해 개발도상국의 실질적인 개발수요를 제대로 반영하지 않았다는 단점도 지니고 있었다. 따라서 국제사회는 MDGs의 뒤를 잇는 국제개발목표를 재수립하는 과정에서 MDGs의 한계를 보완하고 이를 극복하고자 했다.

2) 지속가능개발목표(SDGs)

MDGs의 달성 기간 종료 시기인 2015년이 도래하기 이전인 2012년부터 국제사회는 국제개발목표를 재수립하기 위한 절차에 돌입했다.

〈표 1-1〉 MDGs 목표 및 지표

8대 목표	세부목표	지표
목표1. 절대빈곤 및 기아퇴치	1. 1990~2015년간 1일 소득 1.25 달러 미만 인구 비율 반감*	1. 1일 소득 1.25달러 미만 인구 비율 2. 소득격차 비율 3. 국가소비에서 극빈층 비율(quintile)
	2. 완전하고 생산적인 고용 및 여성과 청년층을 포함한 모두에게 일다운 일자리 제공	4. 고용인 1인당 GDP 성장률 5. 인구 대비 고용 비율 6. 1일 소득 1달러 미만 고용인 비율 7. 총고용인 중 자영업자 및 가족기업 비율
	3. 1990~2015년간 기아 인구 비율 반감	8. 5세 미만 저체중 아동 비율 9. 최소열량섭취 기준 미만 인구 비율
목표2. 보편적 초등교육 달성	4. 2015년까지 전 세계 모든 아동에게 초등교육의 기회 제공	10. 초등학교 순취학률(net enrolment) 11. 초등학교 전 과정 이수 학생 비율 12. 15~24세 여성과 남성의 문자 이해율
목표3. 양성평등 및 여성지위 향상	5. 교육에서 성별 간 차이를 2005년까지 초·중등교육에서 철폐, 2015년까지 모든 교육에서 철폐	13. 초·중·고등학교 남학생 대 여학생 비율 14. 비농업 부문 여성 고용 비율 15. 국회 여성 의석 비율
목표4. 아동사망률 감소	6. 1990~2015년간 5세 미만 아동 사망률 2/3 감소	16. 5세 미만 아동사망률 17. 영아사망률 18. 1세 미만 유아 홍역 예방접종률
목표5. 모성보건 증진	7. 1990~2015년간 산모사망률 3/4 감소	19. 산모사망률 20. 숙련된 보건인력에 의한 출산 비율
	8. 2015년까지 출산보건에 대한 보편적 접근 확대	21. 피임률 22. 청소년 출산 비율 23. 산전 관리 범위(최소 1회 또는 4회 방문) 24. 가족계획 요구 일치도
목표6. HIV/AIDS, 말라리아, 기타 각종 질병 퇴치	9. 2015년까지 AIDS 확산 저지 및 감소	25. 15~24세 인구 중 HIV 감염 비율 26. 고위험자의 피임도구 사용 27. 15~24세 인구 중 HIV/AIDS에 대한 정확한 지식 보유 비율 28. 10~14세 아동 중 비고아동 대 고아동 학교 출석 비율
	10. 2010년까지 필요한 사람들에게 HIV/AIDS 치료의 보편적 보급	29. 항레트로 치료 가능 HIV 보균자 인구 비율
	11. 2015년까지 말라리아 및 기타 주요 질병 발생 저지 및 감소	30. 말라리아 발생률과 사망률 31. 살충처리 모기장 사용 5세 미만 아동 비율 32. 5세 미만 아동에서 적합한 항말라리아 약품치료 중 열발생 비율 33. 결핵발생률, 감염비율, 사망률 34. 결핵 발견사례 및 DOTS** 치료사례 비율
목표7. 지속가능한 환경 확보	12. 지속가능한 개발원칙을 국가정책으로 통합 및 환경자원 손실 복원	
	13. 2010년까지 생물다양성 감소 억제 및 감소율의 현저한 저하	35. 산림지 비율 36. 전체, 1인당, 그리고 GDP(PPP) 1달러당 이산화탄소 배출 37. 오존 파괴물질 소비 38. 안전한 생태환경에 사는 어족 비율 39. 전체 수자원 이용 비율

8대 목표	세부목표	지표
		40. 육상과 해양 보호지역 비율 41. 멸종위기에 놓인 생물종의 비율
	14. 2015년까지 안전한 식수 및 기초적 위생환경에 대한 접근성이 부족한 인구비율 반감	42. 개선된 식수자원 사용 인구 비율 43. 개선된 위생시설 사용 인구 비율
	15. 2020년까지 최소 1억 명 빈민가 거주자 생활여건의 현저한 향상	44. 도시 빈민가 거주인구 비율
목표8. 개발을 위한 글로벌 파트너십 구축	16. 개방적이고 공정하며 예측 가능하고 차별 없는 무역 및 금융체계 발전	
	17. 저개발국의 특수한 문제 해결	
	18. 내륙국 및 소규모 도서지역 개발도상국의 특수한 문제 해결	
	19. 장기적으로 지속가능한 외채수준 유지를 위한 개발도상국 외채문제의 포괄적 해결	[원조] 45. GNI 기준 DAC 공여국의 순원조 비율, 총 원조 비율, 저개발국에 대한 원조 비율 46. DAC 공여국의 기본 사회서비스(기초교육, 기초 보건관리, 영양, 안전한 물, 위생)에 대한 총 양자원조 및 분야별 양자원조 비율 47. DAC 공여국의 양자원조 중 비구속원조 비율 48. 내륙국이 GNI로 받는 원조 비율 49. 소규모 도서지역 개발도상국이 GNI로 받는 원조 비율 [시장 접근] 50. 개발도상국 및 저개발국으로부터의 선진국 무관세 수입 비율(가격으로 측정, 무기 수입 제외) 51. 개발도상국 농산품, 섬유, 의류에 대해 선진국이 부과한 평균 관세 52. GDP 기준 OECD 국가 농업 지원 추정치 53. 무역 역량 개발 지원 원조 비율 [부채 지속가능성] 54. HIPC*** 의사결정 시점에 도달한 총 국가 수 및 HIPC 완료 시점에 도달한 국가 수(누적) 55. HIPC 및 MDRI****에 의한 부채 경감 56. 상품 및 서비스 수출 부채서비스 비율
	20. 민간제약회사와 협력, 필수 의약품의 개발도상국 제공	57. 지속적 구입 가능한 필수의약품 이용 가능 인구 비율
	21. 민간 부문과 협력해 정보통신 등의 신기술 혜택 확산	58. 100명당 유선전화 가입자 수 59. 100명당 무선전화 가입자 수 60. 100명당 인터넷 이용자 수

주: * 2001년 개발 당시는 1일 소득 1달러 기준이었으나, 2009년부터 1.25달러로 변경됨
** DOTS(Directly Observed Treatment Short-course): WHO 표준 결핵 치료법
*** HIPC(Heavily Indebted Poor Countries): 채무빈곤국
**** MDRI(Multilateral Debt Relief Initiative): 다자간 부채경감 이니셔티브
자료: 임소진(2016: 158~160)

〈그림 1-1〉 MDGs에서 SDGs로 국제개발목표를 재수립한 과정

자료: 임소진(2015: 18)

SDGs라는 최종 명칭이 정해지기 전까지 국제사회는 MDGs의 후속 국제개발목표를 '포스트(Post)-2015 지속가능개발목표'라고 명명했다. 즉, SDGs의 수립은 〈그림 1-1〉에서 보여주는 바와 같이 총 3년 동안 포스트-2015 지속가능개발목표를 수립하는 과정을 바탕으로 이루어졌다.

우선, 2012년 UN 작업반이 결성되어 MDGs 달성 과정에서의 교훈점을 도출하고, 한계 및 개선이 필요한 부분을 반영해 후속 국제개발목표를 수립할 수 있도록 했다. 이 과정에서 UN 작업반은 앞에서 언급한 MDGs의 한계점들을 제시했다. 이를 바탕으로 국제사회는 재수립되는 국제개발목표가 개발도상국뿐 아니라 선진국에도 해당하는 목표로 개발되어야 하며, 사회 및 인간개발과 관련된 목표뿐 아니라 경제

발전과 관련된 목표도 수립해야 한다는 점을 강조했다. 또한 2000년대와 비교할 때 더욱 중요한 이슈로 부각된 환경, 평화와 안보에 대한 문제도 포함될 필요가 있다는 것을 강조했다. 이에 따라 새로운 국제개발목표는 포괄적 사회개발, 포괄적 경제개발, 평화와 안보, 환경지속가능성이라는 4대 핵심가치를 추구하기로 했으며, 이러한 논의는 SDGs에 그대로 반영되었다.

이후 2013년에 이르러 국제사회는 총 27명으로 이루어진 'UN 고위급 패널(UN High Level Panel of Eminent Persons on the Post-2015 Development Agenda)'을 구성하고 UN 작업반의 논의를 중심으로 총 12개의 목표와 54개의 세부목표를 포함한 포스트-2015 지속가능개발목표의 '예시적 목표안'을 개발했다. 고위급 패널이 제시한 이 목표들은 MDGs와 비교해 정형화된 하나의 틀 안에서 모두 같은 목표치를 달성하는 것이 아니라, 국가별로 역량과 당면한 상황을 반영해 실질적으로 달성 가능한 목표를 수립할 수 있도록 했다. 나아가 목표를 달성하는 대상에 개발도상국뿐 아니라 공여국도 포함시켜 전 세계가 모두 달성해야 할 목표들을 제시했다.

이와 함께 UN은 일부 선진공여국만 참여했던 MDGs 개발 과정의 한계를 개선하기 위해 개발도상국의 정부뿐 아니라 다양한 이해관계자의 의견도 수렴하기로 했으며, 그 방법 중 하나로 '100만 명의 목소리(A Million Voices)'라는 캠페인을 실시했다. 이를 위해 UN은 총 88개 개발도상국에 위치한 유엔개발계획(UNDP) 국가 팀을 통해 각 국가의 발전을 위한 우선순위를 분석한 보고서를 작성했고, 총 11개 주제에 대해 다양한 이해관계자가 온라인(http://www.worldwewant2015.org) 상에서 의견을 공유할 수 있도록 했다.

한편, 2012년에 개최된 제3회 UN환경개발회의(United Nations Conference on Environment and Development: UNCED)에서 콜롬비아는 '리우 +20 지속가능개발목표(Rio+20 Sustainable Development Goals)'(이하 리우 +20 SDGs)라는 국제개발목표 초안을 제시했다. 이는 UN 역사상 개발 도상국이 직접 국제개발목표 안을 제시한 최초의 사례로, UN은 2014 년부터 UN 공개작업반을 구성해 콜롬비아 정부가 제시한 안을 구체화 하는 작업을 거쳐 17개 목표와 169개 세부목표로 이루어진 리우+20 SDGs를 완성했다. 리우+20 SDGs 개발 과정은 'UN환경개발회의'에 근 간을 두고 있기 때문에 초반에는 포스트-2015 개발목표와 별개로 논의 가 진행되었다. 그러나 점차적으로 이 논의가 포스트-2015 개발목표 논의와 연계되면서 UN은 리우+20 SDGs를 포스트-2015 개발목표로 전환했다. 2015년 9월 UN 총회에서는 리우+20 SDGs를 포스트-2015 개발목표로 최종 확정했으며, MDGs의 뒤를 잇는 국제개발목표인 SDGs로 명명하게 되었다(임소진, 2016). 이렇게 재수립된 국제개발목 표인 SDGs의 17대 목표는 〈표 1-2〉와 같다. SDGs는 '누구도 소외되지 않기(Leave No One Behind)'라는 슬로건을 바탕으로 전 세계 모두를 위 한 공동의 목표임을 강조했다.

이렇게 개발목표의 범위가 확대되면서 이를 이행하고 달성하기 위 한 재원의 규모 역시 불가피하게 확대되었다. 이에 따라 국제사회는 기존의 공적개발원조(Official Development Assistance: ODA)를 넘어선

<표 1-2> SDGs 17대 목표

지속가능개발목표(SDGs)	
목표1	모든 곳에서 모든 형태의 빈곤 종식
목표2	기아 종식, 식량 안보와 영양 개선 달성 및 지속가능한 농업 증진
목표3	모든 연령층의 모든 사람을 위한 건강한 삶 보장 및 복리 증진
목표4	포용적이고 공평한 양질의 교육 보장 및 모두를 위한 평생학습 기회
목표5	양성평등 달성 및 모든 여성과 소녀의 권익 신장
목표6	모두를 위한 물과 위생의 이용 가능성 및 지속가능한 관리 보장
목표7	모두를 위한 저렴하고 신뢰할 수 있으며 지속가능하고 현대적인 에너지에 대한 접근 보장
목표8	모두를 위한 지속적이고 포용적이며 지속가능한 경제성장 및 완전하고 생산적인 고용과 양질의 일자리 증진
목표9	회복력 있는 사회기반 시설 구축, 포용적이고 지속가능한 산업화 증진 및 혁신 촉진
목표10	국가 내 및 국가 간 불평등 완화
목표11	포용적이고 완전하며 회복력 있고 지속가능한 도시와 거주지 조성
목표12	지속가능한 소비 및 생산 양식 보장
목표13	기후변화와 그 영향을 방지하기 위한 긴급한 행동의 실시
목표14	지속가능개발을 위한 대양, 바다 및 해양자원 보존 및 지속가능한 사용
목표15	육상 생태계의 보호, 복원 및 지속가능한 이용 증진, 산림의 지속가능한 관리, 사막화 방지, 토지 황폐화 중지와 회복 및 생물다양성 훼손 중지
목표16	모든 수준에서 지속가능개발을 위한 평화롭고 포용적인 사회 증진, 모두에게 정의에 대한 접근 제공 및 효과적이고 책무가 있으며 포용적인 제도 구축
목표17	이행수단 강화 및 지속가능개발을 위한 글로벌 파트너십 활성화

자료: 정상희(2018)

다양한 개발재원을 확보하기 위해 박차를 가하기 시작했으며, 이 과정에서 다양한 이해관계자의 참여를 활성화하고자 했다.

3) SDGs 이행 성과와 코로나19의 영향

국제사회는 UN 고위급 정치포럼(High-Level Political Forum: HLPF)을 구성해 SDGs 이행 성과를 모니터링하고 있다. HLPF는 SDGs의 근간인 리우+20 SDGs가 탄생했던 2012년 회의에서 설립하기로 결정되었고, 2013년에는 1993년부터 지속되어 오던 지속가능개발위원회(Commission on Sustainable Development)를 대체하는 성격으로 설립되었다. 이때부터 UN은 해마다 장관급 국제회의의 형태로 HLPF를 지속적으로 개최하고 있으며, 이 회의를 통해 2016년부터는 SDGs의 이행 성과를 논의해 오고 있다.

SDGs 모니터링을 위한 HLPF의 핵심적인 의제는 UN 회원국이 SDGs의 이행 정도를 보고하는 '자발적 국가 검토보고서(Voluntary National Reviews: VNR)'의 관리라고 할 수 있다. VNR에서 각 국가는 SDGs를 이행하는 과정에서 달성한 성과, 해결해야 할 과제, 교훈 등과 함께, SDGs를 이행하는 데 필요한 다양한 이해관계자의 지원 및 파트너십 구축, 정부의 제도와 정책 강화 방안 등을 모색하고 있다. 모든 VNR은 UN HLPF VNR의 공식 웹사이트 https://sustainabledevelopment.un.org/vnrs/에 공개되고 있다.

UN은 VNR 이외에도 다양한 데이터 및 통계 플랫폼을 바탕으로 40개 이상의 국제기구와 200명 이상의 전문가가 분석한 정보를 종합해 SDGs 달성 현황을 공개하고 있다. 그러나 SDGs를 이행하기 시작하고 5년이 지난 시점인 2019년 코로나19가 발생하면서, 국제사회는 SDGs 이행 성과의 흐름에서 역현상을 경험하게 되었다(UN, 2020). 세계적인 석학 제프리 삭스(Jeffrey Sachs) 교수가 이끄는 연구팀에 따르면, 코로나19가 시작된 이후 단기적으로 보았을 때 SDGs 17개 목표 중 그 어느 목표에서도 긍정적인 성과를 기대할 수 없다. 또한 목표1, 2, 3, 8, 10에서 코로나19로 인해 매우 부정적인 영향이 나타날 수 있으며 목표4, 5, 6, 7, 9, 11, 16, 17은 중간 정도의 부정적 영향을 받을 것으로 전망한다. 한편, 이 연구팀은 목표12, 13, 14, 15는 코로나19에 의한 단기적 영향이 아직 확실하지 않다고 보고하고 있다(Sachs et al., 2020).

이와 관련해 UN SDGs 이행 보고서는, 예를 들어 목표1(빈곤 종식)의 경우 코로나19 이전에는 빈곤 감소 현상이 명확하게 나타났으며 또한 2030년까지 뚜렷한 성과를 보일 것으로 전망했으나, 코로나19로 인해 전 세계가 지난 수십 년 동안의 기간 중 처음으로 빈곤이 증가하는 상황을 다시 겪게 될 것으로 내다보고 있다. 이러한 현상은 다른 목표에서도 크게 다르지 않을 것이며, 특히 보건 및 질병과 관련된 목표3에 대해서는 국제사회에서 그동안의 성과가 완전히 뒤집히는 결과가 나타날 것으로 평가하고 있다. 나아가 시의적절한 양질의 종합적인 데이터와 통계를 수집하는 데 어려움을 겪을 것이며 이로 인해 향후 SDGs 성과에 대한 평가가 불투명한 미래를 맞을 것으로 예측하고 있다(UN, 2020). 즉, 코로나19는 SDGs를 달성하는 과정에서 예상하지 못하게 나타난 가장 심각한 장애물이라고 할 수 있다.

〈표 1-3〉을 통해 코로나19가 발생하기 이전의 전반적인 SDGs의 목표별 달성 현황과 코로나19로 인한 변화의 양상을 좀 더 상세하게 살펴볼 수 있다. 〈표 1-3〉에서 알 수 있듯이, 2016년 시작된 SDGs의 달성 현황은 2019년 기준 약 3년이라는 짧은 이행 기간으로 인해 괄목할 만한 성과가 있었다고 보기는 어렵다. 오히려 일부 목표는 2030년까지 달성하기 어려울 수 있다는 전망이 이미 제시되었다. 이러한 상황

〈표 1-3〉 코로나19 전후 SDGs 달성과 관련한 현황 및 변화(2019년 통계 기준)

SDGs 목표	코로나19 이전 현황	코로나19에 따른 변화
누구도 소외 되지 않기	다양한 형태의 아동 폭력 지속	코로나19로 인해 수백 명의 아동 및 청년층의 웰빙에 악영향
1. 빈곤	빈곤이 감소되는 추세이나 2030년까지 빈곤 종식은 불가능	수십 년의 기간 중 처음으로 세계 빈곤 증가
2. 식량 안보	식량 불안정 현상, 코로나19 이전에도 이미 이 현상이 증가하는 추세였음	코로나19로 인해 식량 보급 체계에 추가적인 악영향
3. 건강	건강과 관련된 다양한 분야에서 성과가 있었으나, 더 높은 수준의 성과 요구	보건 체계 붕괴로 지난 수십 년간의 성과에서 역현상 불가피
4. 교육	포용적이고 평등한 질적 교육 발전이 너무 느린 속도로 진행됨	코로나19로 인해 90% 이상의 학생이 등교 중단, 교육과 관련된 그동안의 성과에서 역현상 초래
5. 양성평등	많은 성과가 있었으나, 여전히 완전한 양성 평등은 미달성	코로나19 이후 봉쇄로 인해 여성 및 소녀에 대한 폭력 증가
6. 물과 위생	성과에도 불구하고 수십억 인구의 물과 위생 서비스에 대한 접근은 여전히 제한적	가정 내 물에 대한 기본적인 접근이 부재한 인구가 30억 명에 달함(손 씻기 정도도 불가)
7. 에너지	지속가능한 에너지를 위한 노력 증대 필요	의료시설을 위해 저렴하고 신뢰 가능한 에너지의 중요성 확대
8. 고용과 경제성장	글로벌 경제성장의 속도 둔화	대공황 이후 세계 경제는 최악의 불황 도래
9. 산업화	제조업 성장의 쇠퇴	항공 산업에서 역사상 최악의 쇠퇴 경험
10. 불평등	일부 국가 내 소득 불균형 감소	가장 취약한 계층에 대한 코로나19 피해 최대화
11. 도시와 거주	2018 도시 슬럼 인구의 24% 증가	코로나19 확진자 90% 이상이 도시 거주 인구
12. 소비와 생산	국제사회의 지속가능하지 못한 천연자원 사용	지속가능한 미래를 위한 복구 조치 개발의 기회 제공
13. 기후변화	기후 위기 탈피를 위해 필요한 노력 회피	코로나19 봉쇄로 인해 2020년 온실가스 배출 비율에서 6% 감소
14. 해양	해양 산성화의 지속으로 인해 해양 환경 및 생태계 악화	코로나19로 인한 인류 활동의 급격한 감소로 해양 회복의 기회 확보
15. 생태계와 산림	생물 다양성 손실 중단을 위한 2020년 목표 미달성	야생동물 밀매로 인한 생태계 파괴 및 전염병 확산
16. 평화와 국가 제도	무력 분쟁으로 인해 하루 100여 명의 민간인 사망	코로나19로 인해 세계 평화와 안보에 대한 위협 확대
17. 글로벌 파트너십	ODA 규모에서 2018년과 2019년 사이 변동 없음	저소득국 및 중소득국 내 저소득층 가정의 주요 수입원인 송금액 감소 예상

자료: UN(2020: 6~23)을 바탕으로 필자 작성

에서 코로나19가 SDGs 이행에 악재로 작용하고 있다는 사실이 확실해졌다.

이처럼 코로나19 이후 처음으로 세계의 빈곤이 증가하고 있으며, 이는 식량보급 체계에 악영향을 미칠 것으로 전망되고 있다. 보건, 교육, 성평등 분야에서 달성했던 성과가 역행하는 결과를 초래할 수 있으며, 봉쇄정책으로 인해 여성과 소녀에 대한 폭력은 오히려 증가하고 있다. 코로나19로 위생에 대한 중요성이 확대되었으나 가정 내에서 손 씻기처럼 물에 대한 기본적인 접근조차 하기 어려운 계층이 여전히 존재한다. 또한 의료시설에서 저렴하고 신뢰할 수 있는 지속가능한 에너지를 확보하기 위한 노력을 강화할 필요성이 대두되고 있다. 경제 부문에서 대다수 국가는 대공황 이후 최악의 경제 불황을 경험했는데, 특히 항공과 관광산업에서 이러한 상황이 부각되었다. 코로나19는 가장 취약한 계층에게 영향을 끼쳤으며 이로 인해 계층 간 불평등은 악화되었다. 한편, 코로나19는 도시를 중심으로 확산되었으며 도시 내 취약계층의 거주 지역에 피해를 발생시켰다. 또한 소비와 생산, 기후변화, 산림과 생태계 등 자연자원과 사회적 환경에 대한 중요성을 인식하는 계기를 마련했다. 이 외에도 평화와 국가제도, 글로벌 파트너십을 구축해야 할 필요성을 제기했다.

따라서 국제사회는 코로나19 피해를 극복하는 과정에서 SDGs의 목표와 연계하고 이 목표를 달성하기 위해 더 많은 노력을 해야 할 것으로 보인다.

2. 중남미 지역과 SDGs

앞에서 언급한 바와 같이 나라별로 SDGs를 이행하는 과정과 목표를 달성한 현황은 UN HLPF의 VNR에서 찾아볼 수 있는데, 그 외에도 다양한 통계를 통해 지역별, 목표별 달성 현황을 확인할 수 있다. 지금까지 중남미 지역에서 VNR을 제시한 국가는 〈표 1-4〉와 같다.

〈표 1-4〉에서 알 수 있듯, 중남미 총 33개국 중 그레나다, 니카라과, 도미니카연방, 세인트루시아, 세인트빈센트그레나딘, 세인트키츠네비스, 수리남, 아이티, 트리니다드토바고 9개국은 SDGs 이행 시작 연도인 2016년부터 지금까지 단 한 차례도 VNR을 제출하지 않았다. 볼리비아, 앤티가 바부다, 쿠바의 경우, 2021년 처음으로 VNR을 제출할 예정이었으나 코로나19로 인해 제출 가능 여부가 불투명한 상황이다.

이와 비교해, 과테말라, 멕시코, 아르헨티나, 에콰도르, 온두라스, 우루과이, 칠레, 코스타리카 8개국은 이미 두 차례나 VNR을 제출했으며, 콜롬비아의 경우 지난 5년간 VNR을 총 두 번 제출했고, 2021년 네 번째 VNR 제출을 계획하고 있다. 이처럼 콜롬비아는 VNR의 제출에서 활발한 움직임을 보이고 있으며 다른 선진공여국의 참여율을 상회하는데, 이는 콜롬비아가 SDGs 개발 과정에서 리우+20 SDGs 초안을 제시한 국가였기 때문이다.

UN은 국가별로 제출한 VNR에 대한 분석 자료와 더불어, 다양한 국제기구와 비정부 기구(Non-Governmental Organization: NGOs), 연구소 등에서 공개하고 있는 보고서와 통계 자료를 바탕으로 'SDG 인덱스

〈표 1-4〉 중남미 국가의 SDGs VNR 제출 현황(2016~2021년 3월 현재)

국가명	2016년 3개국	2017년 11개국	2018년 8개국	2019년 4개국	2020년 5개국	2021년 6개국 예정
가이아나				■		
과테말라		■		■		예정
그레나다						
니카라과						
도미니카공화국			■			
도미니카연방						
멕시코	■		■			
바베이도스					■	
바하마			■			예정
베네수엘라	■					
벨리즈		■				
볼리비아						예정
브라질		■				
세인트루시아						
세인트빈센트그레나딘						
세인트키츠네비스						
수리남						
아르헨티나		■			■	
아이티						
앤티가 바부다						예정
에콰도르			■		■	
엘살바도르		■				
온두라스		■			■	
우루과이		■	■			
자메이카			■			
칠레		■		■		
코스타리카		■			■	
콜롬비아	■		■			예정
쿠바						예정
트리니다드토바고						
파나마		■				
파라과이			■			
페루		■				

자료: UNVNR 웹사이트(https://sustainabledevelopment.un.org/vnrs)를 바탕으로 필자 작성

(SDG Index)'를 포함한 『지속가능개발 보고서(Sustainable Development Report)』를 출판함으로써 UN 회원국의 SDGs 이행과 달성 정도를 공개하고 있다. 이 중 중남미 지역에 대한 통합적인 비교 인덱스는 2019년 통계 자료를 바탕으로 2020년 6월 처음으로 작성되었다. 2020년 최초로 보고된 '2019 중남미 SDG 인덱스(2019 SDG Index for Latin America and the Caribbean)'를 토대로 중남미 국가별 SDGs 달성 현황을 보면 그 순위가 〈표 1-5〉와 같다. 이 표를 통해 알 수 있는 바와 같이, 총 33개의 중남미 국가 중 24개국만 통합적 SDGs 이행 평가에 포함되었다. 이 통합 자료는 코로나19에 대한 국가별 대응 노력을 정량적으로 평가한 결과이기도 하다.

〈표 1-5〉에 나타난 바와 같이 칠레, 우루과이, 코스타리카 3개국은 중남미 지역 내에서 SDGs 이행 정도가 가장 높다. 그러나 이들 국가의 국제 순위는 30위 정도이다. 2019년 SDGs 이행 평가에서 중남미 국가 가운데 1위를 차지한 칠레의 경우 총 166개국 평가에서 31위에 그쳤으며, 중남미 지역에서 2위를 차지한 우루과이는 전체 국가 중 43위를, 3위인 코스타리카는 전체 국가 순위에서 33위를 기록했다. 중남미 지역에서 최하위를 차지한 아이티의 경우 전체 166개 국가 중 156위를 기록했다(Sachs et al., 2019: 16~17). 나아가 베네수엘라, 아르헨티나, 브라질의 경우 2015년 이후 SDGs의 17개 목표 모두에서 거의 아무런 발전이 없는 것으로 평가되었다(Cods, 2020).

중남미 지역 내 국가들의 SDGs 달성 현황을 좀 더 구체적으로 이해하기 위해 이 장에서는 2019년 SDGs 달성 순위에서 상위 5개국과 하

순위	국가명	SDGs 이행 점수
1	칠레	73.68
2	우루과이	71.50
3	코스타리카	69.98
4	에콰도르	67.88
5	아르헨티나	66.94
6	페루	66.81
7	브라질	66.35
8	멕시코	65.55
9	콜롬비아	64.78
10	볼리비아	64.77
11	파나마	64.33
12	자메이카	64.16
13	도미니카공화국	63.93
14	수리남	62.98
15	엘살바도르	62.72
16	니카라과	62.57
17	파라과이	62.54
18	트리니다드토바고	60.34
19	베네수엘라	60.10
20	온두라스	58.09
21	가이아나	57.62
22	벨리즈	57.42
23	과테말라	55.78
24	아이티	44.58
평가 대상에서 제외	그레나다	해당사항 없음
	도미니카연방	
	바베이도스	
	바하마	
	세인트루시아	
	세인트빈센트그레나딘	
	세인트키츠네비스	
	앤티가 바부다	
	쿠바	

자료: 지속가능개발 보고서 웹사이트(https://www.sdgindex.org/reports/2019-sdg-index-for-latin-ame
rica-and-the-caribbean)를 바탕으로 필자 재작성

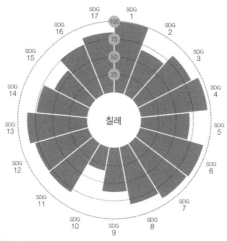

자료: Sachs et al.(2020: 170)

위 5개국이 SDGs를 이행한 정도를 〈그림 1-2〉부터 〈그림 1-12〉까지 정리했다. 특히 SDGs의 근간인 리우+20 SDGs를 제안하고 VNR을 가장 적극적으로 제출하고 있는 콜롬비아의 SDGs 달성 현황도 살펴보았다. 이 내용은 국가별 SDGs 달성 현황과 관련해 가장 최근의 자료인 삭스 외(Sachs et al., 2020: 102~487)를 분석한 결과이다.

2019년을 기준으로 보았을 때 SDGs 달성 현황에서 지역 내 1위였던 칠레의 경우, 2020년 성과 평가에서는 SDGs 목표1, 2, 3, 4, 5, 7, 8, 9, 11, 14의 총 10개 목표에서 어느 정도 발전 정도를 보였으며, 목표6과 목표17에서는 2030년 목표 달성을 위해 매우 안정적인 궤도에 진입했다고 평가되었다. 그러나 목표10, 13, 16에서는 별다른 성과를 보이고 있지 못하며, 목표15는 하향세를 보이고 있다. 칠레의 SDGs 목표12의

〈그림 1-3〉 우루과이의 2020년 목표별 SDGs 이행 점수 분포도

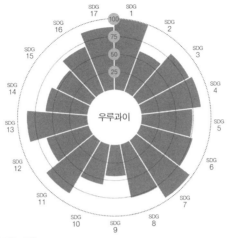

자료: Sachs et al.(2020: 472)

이행 정도는 데이터 부족으로 평가가 불가능한 상황이다. 칠레의 목표별 SDGs 이행 점수 분포도는 〈그림 1-2〉와 같다.

2019년 2위를 기록한 우루과이의 경우, 2020년 평가에서는 SDGs 목표1, 4, 6, 7, 11의 총 5개 목표에서 지금까지의 추세가 지속될 경우 2030년 최종 목표 달성이 가능할 것이라는 좋은 성과가 전망되고 있다. 목표2, 3, 5, 8, 9, 14는 일정 정도의 성과를 보였으며, 목표13과 목표16에서는 별다른 성과를 보여주지 못했다. 우루과이는 칠레처럼 목표15에서는 이전 성과에 비해 하향세를 나타내고 있다. 우루과이의 경우, SDGs 목표10, 12, 16의 3개 목표에 대해 충분한 데이터를 제공하지 못했으므로 한편으로는 우루과이에 대한 종합적인 평가가 과연 얼마나 유의미한지 의문이 남기도 한다. 우루과이의 목표별 SDGs 이행

〈그림 1-4〉 코스타리카의 2020년 목표별 SDGs 이행 점수 분포도

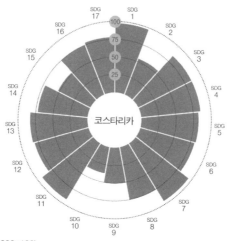

자료: Sachs et al.(2020: 180)

점수 분포도는 〈그림 1-3〉과 같다.

　2019년 평가에서 3위를 기록한 코스타리카는 2020년 목표1, 4, 6, 7, 11에서 매우 긍정적인 평가를 받았으며, 목표3, 5, 8, 9, 13, 14, 16, 17에서는 완만한 성과를 보였다. 목표2는 별다른 성과를 보이지 못했다. 이처럼 별다른 성과를 보이지 못하는 목표는 단 한 개인 것으로 나타나고 있다. 코스타리카는 칠레, 우루과이와 동일하게 목표15에서 지난 성과에 비해 하향세를 보였다. 코스타리카의 경우 목표10과 목표12에 대한 데이터가 부족해 이에 대한 평가는 이루어지지 않았다. 코스타리카의 목표별 SDGs 이행 점수 분포도는 〈그림 1-4〉와 같다.

　2019년 SDGs 성과에서 4위였던 에콰도르는 2020년에 이르러 목표6, 7, 11, 13, 14의 총 5개 목표에서 매우 긍정적인 성과를 보이면서 이

〈그림 1-5〉 에콰도르의 2020년 목표별 SDGs 이행 점수 분포도

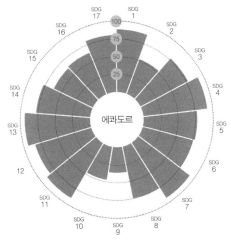

자료: Sachs et al.(2020: 202)

들 목표의 성과가 이대로 지속된다면 2030년까지 목표 달성이 가능할 것으로 예측되었다. 에콰도르는 목표1, 2, 3, 4, 5, 8, 9, 16에서 일부 성과를 보였다. 에콰도르의 경우 앞의 세 국가와 비교했을 때 목표15에서 성과를 유지했으며, 목표17에서 하향세를 보였다. 에콰도르 역시 코스타리카와 동일하게 목표10과 목표12에 대한 충분한 데이터를 제공하지 못했다. 에콰도르의 목표별 SDGs 이행 점수 분포도는 〈그림 1-5〉와 같다.

아르헨티나는 2019년 평가 당시 중남미 지역 내 SDGs 달성 현황에서 5위를 기록한 바 있다. 2020년에는 목표1, 2, 3, 6, 11, 13, 14, 16의 총 8개 목표에서 일정 수준의 성과를 보였으며, 2030년 최종 목표에 달성하기 위해 필요한 성과를 보인 목표는 목표5와 목표7 두 개에 불과

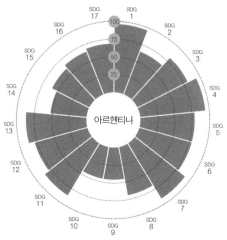

〈그림 1-6〉 아르헨티나의 2020년 목표별 SDGs 이행 점수 분포도

자료: Sachs et al.(2020: 114)

했다. 아르헨티나의 경우 목표4, 8, 9, 15, 17에서는 별다른 성과를 보이지 않았으나, 하향세를 보인 목표는 없었다. 아르헨티나도 코스타리카 및 에콰도르와 마찬가지로 목표10과 목표12에 대한 정보 제공이 어려운 상황이다. 아르헨티나의 목표별 SDGs 이행 점수 분포도는 〈그림 1-6〉과 같다.

콜롬비아는 앞에서 언급한 바와 같이 VNR을 가장 활발히 제출하고 있는 국가 중 하나이다. 그럼에도 불구하고 콜롬비아는 앞의 세 국가와 마찬가지로 목표10과 목표12에 대한 통계적 역량이 부족한 것으로 나타났다. 또한 에콰도르와 동일하게 목표17에서 지난 성과에 비해 하향세를 보였다. 그러나 목표6, 7, 13, 14에서 매우 긍정적인 성과를 보였으며, 목표1, 2, 3, 4, 5, 8, 9, 11, 15에서는 일정 수준의 발전적인 결

〈그림 1-7〉 콜롬비아의 2020년 목표별 SDGs 이행 점수 분포도

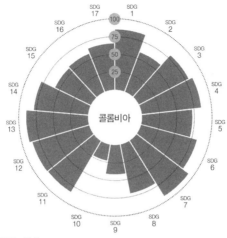

자료: Sachs et al.(2020: 174)

과가 나타나기도 했다. 콜롬비아의 경우 이전과 비교해 이렇다 할 성과를 보이지 못한 목표는 목표16이었다. 콜롬비아의 목표별 SDGs 이행 점수 분포도는 〈그림 1-7〉과 같다.

온두라스의 경우, 2019년 평가에서 SDGs 이행 정도가 지역 내 다른 국가에 비해서 낮은 것으로 나타났으나, 온두라스 국가 자체로서는 그동안의 SDGs 이행 성과를 보았을 때 꾸준한 발전을 보이는 것으로 평가되었다. 앞의 국가들과 마찬가지로 온두라스 역시 목표10과 목표12에 대한 충분한 데이터를 제공하지 못해 평가가 어려웠으나, 이전에 비해 하향세를 보이는 목표는 없는 것으로 나타났다. 목표6, 8, 11, 13, 17에서 국가 자체 2020년 목표를 달성했고, 목표3, 5, 9에서 완만한 성과를 보였다. 목표1, 2, 4, 7, 14, 15, 16에서는 이전의 발전 양상과 비교

〈그림 1-8〉 온두라스의 2020년 목표별 SDGs 이행 점수 분포도

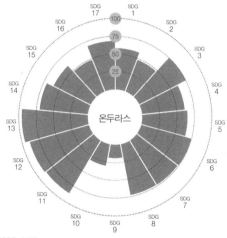

자료: Sachs et al.(2020: 248)

해 별다른 성과를 보이지 않고 있다. 온두라스의 목표별 SDGs 이행 점수는 〈그림 1-8〉과 같다.

2019년 SDGs 성과 평가에서 하위권에 속한 가이아나는 목표4, 10, 12에 대한 정보 제공이 어려울 뿐 아니라, 목표8과 목표13에서는 이전의 평가 결과에 비해 하향세를 보이는 것으로 나타났다. 그러나 이러한 부정적인 상황 속에서도 목표1, 7, 15, 16 총 4개 목표에서 매우 긍정적인 성과를 보였다. 목표2, 3, 5, 6, 14는 완만한 성과를 나타냈고, 목표9, 11, 17은 기존 성과와 대비해 별다른 발전이 없는 것으로 평가되었다. 가이아나의 목표별 SDGs 이행 점수는 〈그림 1-9〉와 같다.

벨리즈는 SDGs 목표1, 4, 15의 세 개 목표에서 기존 평가 결과에 비해 하향세를 보였다. 목표7, 8, 13, 17에서는 긍정적인 성과를 보였고,

〈그림 1-9〉 가이아나의 2020년 목표별 SDGs 이행 점수 분포도

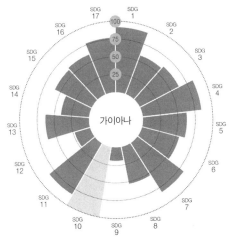

자료: Sachs et al.(2020: 244)

목표2, 3, 5, 6, 9, 11에서는 완만한 성과를 보였다. 목표14와 목표16에서는 이전 대비 별다른 성과를 나타내지 못했으며, 목표10과 목표12는 데이터 부족으로 평가가 불가능했다. 벨리즈의 목표별 SDGs 이행 점수는 〈그림 1-10〉과 같다.

과테말라는 지금까지의 SDGs 이행 정도와 비교했을 때, 긍정적인 성과를 보여준 목표는 목표13이고, 부정적인 성과를 보여준 목표는 목표17인 것으로 나타났다. 중남미 대부분의 국가들과 크게 다를 바 없이, 과테말라는 목표10과 목표12에 대한 이행 정도를 평가하기 위해 충분한 데이터를 제공할 수 있는 국가적 차원의 통계 역량이 미약한 것으로 보인다. 그 외 지금까지 성과 대비 별다른 발전이 없는 목표는 목표2, 4, 7, 9, 15인 것으로 나타났으며, 목표1, 3, 5, 6, 8, 14, 16에서는

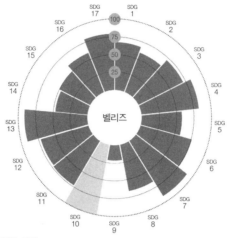

〈그림 1-10〉 벨리즈의 2020년 목표별 SDGs 이행 점수 분포도

자료: Sachs et al.(2020: 136)

일정한 수준의 발전을 보여주었다. 과테말라의 목표별 SDGs 이행 점수는 〈그림 1-11〉과 같다.

아이티는 2019년 중남미 자체적으로 평가한 SDGs 성과 평가(SDGs 인덱스) 대상 총 24개국 중 최하위 점수를 받은 국가이다. 아이티의 경우, 목표4, 10, 12에 대한 충분한 정보를 제공하지 못해 이 목표들에 대한 평가가 불가능했다. 목표13만 긍정적인 성과를 보여주었고, 목표8과 목표9에서는 지난 평가 결과와 비교할 때 완만한 추세의 성과를 보여주었다. 목표15와 목표17은 지금까지의 성과와 비교해 하향세를 보이고 있으며, 그 외 나머지 아홉 개 목표(1, 2, 3, 5, 6, 7, 11, 14, 16)에서는 별다른 성과를 보여주지 못했다. 아이티의 목표별 SDGs 이행 점수는 〈그림 1-12〉와 같다.

〈그림 1-11〉 과테말라의 2020년 목표별 SDGs 이행 점수 분포도

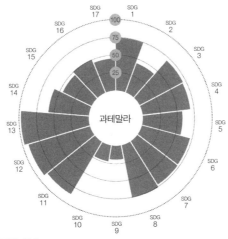

자료: Sachs et al.(2020: 238)

〈그림 1-12〉 아이티의 2020년 목표별 SDGs 이행 점수 분포도

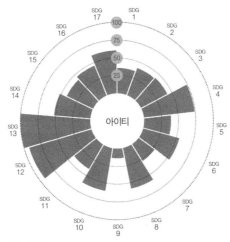

자료: Sachs et al.(2020: 246)

중남미 지역 내 SDGs 이행 성과를 측정할 수 있는 24개국 전체의 목표별 현황은 〈표 1-6〉을 통해 전체적으로 비교할 수 있다. 2019년 중남미 SDGs 인덱스에 포함되지 않았던 국가들도 2020년 종합 평가에는 포함되었다. 〈표 1-6〉에서는 이들 국가에 대한 SDGs 이행 성과를 살펴볼 수 있다.

표에서 흰색은 2030년까지 목표 달성 가능, 세로줄무늬는 어느 정도 성과 있음, 빗금무늬는 별다른 변화 없음, 진한 회색은 부정적인 성과, 그리고 옅은 회색은 평가를 위한 충분한 데이터가 부재한 상황을 의미한다. 〈표 1-6〉은 2019년 대비 2020년의 SDGs 이행 성과를 의미하는 것으로, 달성 현황을 의미하는 것은 아니다. 즉, 흰색과 세로줄무늬가 많이 분포한 국가일수록 SDGs 이행에서 지금까지 좋은 성과를 보여주고 있다고 할 수 있으며, 진한 회색과 빗금무늬가 많이 분포한 국가일수록 SDGs 이행에 어려움을 겪고 있다고 볼 수 있다.

국가별 SDGs 이행 현황을 종합적으로 살펴보면, 도미니카공화국, 멕시코, 볼리비아, 브라질, 아르헨티나, 온두라스, 쿠바, 파라과이는 모든 목표에서 상황 유지, 완만한 성과, 또는 긍정적 성과를 보이고 있으며 부정적 하향세를 보이는 목표는 없다. 이러한 측면에서 최근 SDGs의 이행 노력과 관련해 긍정적으로 볼 수 있다. 그러나 중남미 모든 국가가 목표12(지속가능한 소비 및 생산 양식 보장)를 평가하는 데 필요한 충분한 데이터를 제공하지 못하고 있다는 측면에서 중남미 국가들의 통계 역량을 개선하고 이를 강화하는 것이 시급하다고 할 수 있다. 이 외에도 멕시코와 칠레를 제외한 모든 국가가 목표10(국가 내 및 국가

<표 1-6> 중남미 국가의 목표별 SDGs 이행 성과 비교(2020년 기준)

SDGs 목표	1	2	3	4	5	6	7	8	9	10	11	12	13	14	15	16	17
가이아나																	
과테말라																	
그레나다																	
니카라과																	
도미니카공화국																	
도미니카 연방																	
멕시코																	
바베이도스																	
바하마																	
베네수엘라볼리바르																	
벨리즈																	
볼리비아																	
브라질																	
세인트루시아																	
세인트빈센트그레나딘																	
세인트 키츠네비스																	
수리남																	
아르헨티나																	
아이티																	
앤티가 바부다																	
에콰도르																	
엘살바도르																	
온두라스																	
우루과이																	
자메이카																	
칠레																	
코스타리카																	
콜롬비아																	
쿠바																	
트리니다드토바고																	
파나마																	
파라과이																	
페루																	

주: 흰색은 2030년까지 목표 달성 가능, 세로줄무늬는 어느 정도 성과 있음, 빗금무늬는 별다른 변화 없음, 진한 회색은 부정적인 성과, 그리고 옅은 회색은 평가를 위한 충분한 데이터가 부재한 상황을 나타냄
자료: Sachs et al.(2020: 102~487)을 바탕으로 필자 작성

간 불평등 완화)에 대한 정보를 충분히 제공하지 못하고 있다는 측면 역시 중남미 지역에서 두드러지게 나타나는 현상이다. 특히 도미니카연방, 세인트빈센트그레나딘, 세인트키츠네비스, 앤티가 바부다 등 4개국의 통계적 역량은 다른 국가들과 비교할 때 더욱 심각한 상황인 것으로 보인다. 한편, 목표별 이행 성과와 관련해 수리남은 중남미 국가 중 유일하게 긍정적 성과를 보여주는 목표가 하나도 없는 국가임을 알 수 있다.

이와 비교해 중남미 국가들의 SDGs 목표별 달성 현황을 살펴보면 〈표 1-7〉과 같다. 〈표 1-7〉을 보면, 중남미 지역에서 SDGs 달성에 가장 근접한 목표는 목표17(이행수단 강화 및 지속가능개발을 위한 글로벌 파트너십 활성화)이라는 것을 알 수 있다. 목표1(모든 곳에서 모든 형태의 빈곤 종식)과 관련해서는, 최근의 이행 성과를 보여주는 데이터를 제공할 수 있는 국가라 하더라도 전반적인 SDGs 달성 현황을 위한 통계는 부족한 국가가 많은 것으로 나타나고 있다. 또한 아이티는 17개 목표 중 절반이 넘는 13개 목표를 2030년까지 달성하기 어려울 것으로 분석되고 있다. 중남미 지역에서 지속적으로 문제시되고 있는 국가별 통계 역량과 관련해서는, 도미니카연방, 세인트빈센트그레나딘, 세인트키츠네비스, 앤티가 바부다 4개국이 미흡한 역량을 보이고 있다. 또한 전반적인 SDGs 달성 현황에서는 이들 4개국과 더불어 그레나다 역시 통계 역량이 미비해 이와 관련된 역량 개발이 필요하다는 것을 보여주고 있다.

지역 전체로 보았을 때, 중남미 지역은 SDGs 달성과 관련해 전 세계

〈표 1-7〉 중남미 국가의 목표별 SDGs 달성 현황 비교(2020년 기준)

SDGs 목표	1	2	3	4	5	6	7	8	9	10	11	12	13	14	15	16	17
가이아나																	
과테말라																	
그레나다																	
니카라과																	
도미니카공화국																	
도미니카 연방																	
멕시코																	
바베이도스																	
바하마																	
베네수엘라볼리바르																	
벨리즈																	
볼리비아																	
브라질																	
세인트루시아																	
세인트빈센트그레나딘																	
세인트 키츠네비스																	
수리남																	
아르헨티나																	
아이티																	
앤티가 바부다																	
에콰도르																	
엘살바도르																	
온두라스																	
우루과이																	
자메이카																	
칠레																	
코스타리카																	
콜롬비아																	
쿠바																	
트리니다드토바고																	
파나마																	
파라과이																	
페루																	

주: 흰색은 2030년까지 목표 달성 가능, 세로줄무늬는 어느 정도 성과 있음, 빗금무늬는 별다른 변화 없음, 진한 회색은 부정적인 성과, 그리고 옅은 회색은 평가를 위한 충분한 데이터가 부재한 상황을 나타냄

자료: Sachs et al.(2020: 102~487)을 바탕으로 필자 작성

〈그림 1-13〉 지역별 SDGs 달성 정도

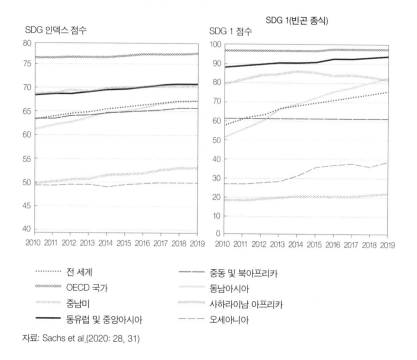

SDG 인덱스 점수

SDG 1(빈곤 종식)
SDG 1 점수

자료: Sachs et al.(2020: 28, 31)

평균보다 약간 높은 수준이며, 완만한 수준의 성과를 보이고 있다(〈그림 1-13〉 참조).

다른 지역과 중남미 지역의 SDGs 이행 목표별 현황을 비교하기 위해 〈표 1-8〉에서는 OECD 회원국 전체, OECD 회원국을 제외한 국가들 중 중남미 지역, 동남아시아 지역, 동유럽 및 중앙아시아 지역, 중동 및 북아프리카 지역, 오세아니아 지역, 사하라이남 아프리카 지역의 SDGs 목표별 달성 현황을 비교했다. 흰색은 2020년 목표를 달성한 경우, 세로줄무늬는 일부 현안 과제가 남아 있는 경우, 빗금무늬는 심각

〈표 1-8〉 지역 간 SDGs 목표별 달성 현황 비교

SDGs 목표	1	2	3	4	5	6	7	8	9	10	11	12	13	14	15	16	17
OECD 전체																	
중남미																	
동남아시아																	
동유럽 및 중앙아시아																	
중동 및 북아프리카																	
사하라이남 아프리카																	
오세아니아																	

주: 흰색은 2030년까지 목표 달성 가능, 세로줄무늬는 어느 정도 성과 있음, 빗금무늬는 별다른 변화 없음, 진한 회색은 부정적인 성과, 그리고 옅은 회색은 평가를 위한 충분한 데이터가 부재한 상황을 나타냄
자료: Sachs et al.(2020: 489~508)을 바탕으로 필자 작성

한 당면과제가 있는 경우, 진한 회색은 달성이 어려울 것으로 예상되는 경우, 그리고 옅은 회색은 평가를 위한 정보가 부족한 경우를 의미한다. 다시 말하면, 진한 회색과 빗금무늬가 많은 지역일수록 2030년까지 SDGs 달성은 어려운 상황이고, 흰색과 세로줄무늬가 많은 지역일수록 SDGs를 달성할 가능성이 높다는 것을 의미한다.

〈표 1-8〉에서 확인할 수 있는 바와 같이 OECD 회원국과 비회원국 간에는 SDGs 달성에서 편차가 크다. 한 가지 특이한 사항은 목표10(국가 내 및 국가 간 불평등 완화)은 모든 지역에서 매우 부정적으로 나타났다는 것이다. 지역별로 살펴보면, 중남미 지역은 다른 지역과 비교할 때 비교적 SDGs 달성 정도가 완만한 반면, 사하라이남 아프리카와 오세아니아 지역에서는 SDGs 달성 현황이 매우 미흡한 것을 알 수 있다.

한편, 중남미 지역에서는 SDGs를 달성하기 위해 국가들이 '중남미 2030 어젠다 통계 조율팀'을 구성해 중남미 지역에서의 SDGs 달성을

〈그림 1-14〉 중남미 지역 내 SDGs 목표 중요도

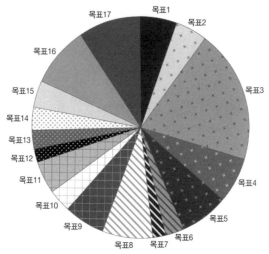

자료: UN(2021)

위한 목표 간 중요도를 〈그림 1-14〉와 같이 제시하기도 했다. 그러나
실질적인 SDGs 달성 정도는 이러한 공동의 우선순위와는 다소 다른
양상으로 나타나고 있다.

또한 〈그림 1-15〉에 나타난 것처럼 2019년 통계를 기준으로 볼 때,
중남미 지역은 SDGs 17개 목표 중 목표1(모든 곳에서 모든 형태의 빈곤 종
식), 목표4(포용적이고 공평한 양질의 교육 보장 및 모두를 위한 평생학습 기회
증진), 목표7(모두를 위한 저렴하고 신뢰할 수 있으며 지속가능하고 현대적인
에너지에 대한 접근 보장), 그리고 목표13(기후변화와 그 영향을 방지하기 위
한 긴급한 행동의 실시)에서 가장 높은 성과를 나타내고 있으며, 목표6(모
두를 위한 물과 위생의 이용 가능성 및 지속가능한 관리 보장) 및 목표8(모두

〈그림 1-15〉 중남미 지역 내 SDGs 달성 정도

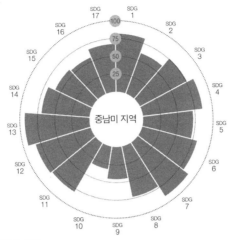

자료: Sachs et al.(2020: 492)

를 위한 지속적이고 포용적이며 지속가능한 경제성장 및 완전하고 생산적인 고용과 양질의 일자리 증진)에 대해서도 어느 정도의 성과를 보였다. 반면, 목표9(회복력 있는 사회기반 시설 구축, 포용적이고 지속가능한 산업화 증진 및 혁신 촉진), 목표10(국가 내 및 국가 간 불평등 완화), 목표16(모든 수준에서 지속가능개발을 위한 평화롭고 포용적인 사회 증진, 모두에게 정의에 대한 접근 제공 및 효과적이고 책무가 있으며 포용적인 제도 구축)에서는 전반적으로 낮은 성과를 보이고 있는 것으로 나타났다(Sachs et al., 2020).

이와 같이 종합적으로 평가했을 때, 중남미 지역은 SDGs 달성에서 높은 수준의 성과는 보이지 않았으나 전반적으로 꾸준한 이행을 보이고 있었다. 그러나 이러한 성과는 코로나19로 인해 당분간 부정적인 결과를 보일 것으로 예상된다.

따라서 중남미 국가들은 특히 SDG 목표1(모든 곳에서 모든 형태의 빈곤 종식), 목표8(모두를 위한 지속적이고 포용적이며 지속가능한 경제성장 및 완전하고 생산적인 고용과 양질의 일자리 증진), 목표10(국가 내 및 국가 간 불평등 완화) 및 이와 관련된 사회 및 경제 분야에서 코로나19로 인해 긍정적인 성과를 기대하기 어렵다고 평가된다(Cods, 2020). 특히 양질의 일자리 제공 및 경제성장을 위한 SDGs 목표8을 이행하는 데서 향후 더 많은 어려움이 발생할 것으로 전망되고 있다. 또한 중남미 지역은 기존의 불평등한 보건의료 제도로 인해 코로나19에 대해 효과적인 의료 대응이 어려웠고, 이로 인해 사회적·경제적 피해가 가중되었다(ECLAC, 2021).

코로나19가 발생하기 이전에도 이와 관련된 부문의 개선이 가시적이지 않았으나 코로나19로 인해 역행하는 현상은 피할 수 없을 것으로 보인다. 즉, 코로나19는 2008년 경제위기 이후 또 한 차례의 '잃어버린 10년'이라는 결과를 초래할 수 있다. 따라서 UN 중남미카리브경제위원회(Economic Commission for Latin America and the Caribbean: ECLAC)는 코로나19로 인해 중남미 지역의 SDGs 이행이 심각한 경우 2030년까지 목표 달성의 30% 수준에 그칠 수 있다고 경고한다.

또한 ECLAC는 정보와 통계 역량의 부족으로 인해 정확한 SDGs의 이행 정도를 평가하는 것이 더욱 어려울 수도 있다는 사실을 함께 언급한다. UN은 이미 중남미 지역의 국가별 SDGs 달성 정도를 평가하는 과정에서 SDG의 목표별 상황을 정량화하는 것이 매우 어렵다는 점을 강조한 바 있다(Cods, 2020). 이는 중남미 지역 내 VNR 제출에서 편차가 발생하고 있으며, 국가별 SDGs의 이행 의지와는 별개로 국가 차원에서의 통계 역량, 이행을 위한 재정적 지원, 국가 정책의 역량 등에서 차이가 극명하게 나타나고 있기 때문이다. 또한 국가별 통계 역량에서의 격차는 향후 더욱 심각해질 것으로 예상된다. 특히 이러한 상황은 앞에서 언급했던 것처럼 SDGs에 대한 전반적인 통계 역량과 크게 다르지 않으며, 코로나19 이전에도 국가 통계 역량이 낮았던 국가들의 경우 코로나19로 인해 이와 관련된 역량을 개발하는 데 더욱 어려움을 겪을 것으로 분석된다.

따라서 코로나19로 인한 전반적인 부정적 영향과 이에 따른 SDGs 달성에서의 불확실성과 관련해 ECLAC는 정부의 적절한 정책 수립과 대응이 그 어느 때보다 중요하다고 강조한다. 즉, 코로나19에 대한 국가별 조치는 궁극적으로는 SDGs 달성에 직접적인 영향을 끼칠 것이다 (ECLAC, 2021).

참고문헌

임소진. 2015. 「국제사회의 개발재원 지형의 변화와 한국 개발협력에 대한 시사점」. ≪한국의 개발협력≫, 2015호(1), 3~31쪽.

_____. 2016. 「국제개발협력 최근 동향과 이슈」. KOICA ODA교육원 엮음.『국제개발협력 입문편』. 성남: 시공미디어.

정상희. 2018.『중남미 국제개발협력 입문 (개정판)』. 대구: 계명대학교 출판부.

Cods. 2020. *Índice ODS 2019 para América Latina y el Caribe. Bogotá: Centro de los Objetivos de Desarrollo Sostenible para América Latina y el Caribe.*

ECLAC. 2021. *Building forward Better: Action to Strengthen the 2030 Agenda for Sustainable Development (LC/FDS.4/3/Rev.1)*, Santiago: ECLAC.

Sachs, J., G. Schmidt-Traub, C. Kroll, G. Lafortune and G. Fuller. 2019. *Sustainable Development Report 2019*. New York: Bertelsmann Stiftung and Sustainable Development Solutions Network.

_____. 2020. *The Sustainable Development Goals and COVID-19. Sustainable Development Report 2020*. Cambridge: Cambridge University Press.

UN. 2015. *World and Regional Trends 2015: Annex - Millennium Development Goals, Targets and Indicators*, New York: United Nations.

_____. 2020. *The Sustainable Development Goals Report 2020*, New York: United Nations.

_____. 2021. "Prioritized Set of Indicators for Regional Statistical Follow-up to the SDGs in Latin America and the Caribbean." https://agenda2030lac.org/estadisticas/prioritized-set-indicators-regional-statistical-follow-up-sdg.html(검색일: 2021.3.9).

/

제2장

코로나19 발생 이후의 중남미 상황

1. 코로나19 이후 중남미 주요 국가의 경제와 사회 상황

2020년 2월 말 중남미 지역에 코로나19가 발생했을 당시 대부분의 국가는 코로나19의 유입으로 발생할 수 있는 정치적·경제적 영역에서의 영향을 최소화하기 위해 봉쇄정책을 비교적 신속하게 실시하고 긴급 대응 정책을 추진했다. 그러나 그 효과는 충분히 나타나지 않았으며 코로나19는 지속적으로 확산했다. 2020년 5월, 세계보건기구(WHO)는 중남미가 코로나19의 진원지가 될 것이라고 전망했으며, 중남미는 전체 사망자의 약 40%가 발생하는 지역으로 변했다(OECD, 2020a: 2).

이처럼 중남미 지역을 중심으로 코로나19가 광범위하게 확산된 배경과 관련해서는 비공식 부문의 높은 노동자 비율, 미비한 의료체계,

취약한 사회보호제도와 정부의 거버넌스, 빈부격차, 여성, 아동, 원주민, 이민자, 노년층 등 지역 내에 존재하는 광범한 취약계층 등이 주요한 요인으로 언급되었다(OECD, 2020a). 중남미 지역은 비공식 부문의 노동자가 약 60%에 달하며 중소기업은 99%를 차지하고 있다. 이러한 상황에서 사회적 거리두기와 같은 격리정책을 지키기 어려웠으며, 1억 4000만 명에 달하는 인구는 기본적인 생계를 위해 경제활동을 지속해야 했다(OECD, 2020a: 2). 또한 중남미의 빈곤층은 손 씻기, 손 소독제 사용, 마스크 착용 같은 필수적인 위생수칙을 지키기 어려웠으며 이들이 위생용품을 지원받는 것 또한 현실적으로 어려운 일이었다. 따라서 중남미에서 코로나19 확진자와 사망자가 대다수 발생한 지역은 경제적·사회적으로 취약한 지역과 일치한다는 것을 알 수 있다.

한편, OECD 통계에 따르면 중남미 국가의 보건 부문에 대한 지출 비율은 OECD의 다른 회원국과 비교할 때 평균 4배 정도 낮다고 한다. OECD 국가는 인구 1000명당 병상이 4.7개이지만 중남미 지역은 그 절반 정도인 2.2개이며, OECD 국가는 인구 1000명당 의사와 간호사 수가 각각 3.5명과 9명이지만 중남미 지역은 각각 2명과 3명 미만이다(정상희, 2021: 40~41).

경제 부문에서 미국에 대한 의존도가 높은 멕시코, 중미, 카리브 지역의 국가는 수출, 직접투자, 송금 유입, 관광 부문에서 영향을 받고 있다. 한편, 중국의 주요 교역국인 남미 국가들은 세계적인 원자재 가격의 하락으로 인해 경제적 위기에 처하게 되었다.

이처럼 보건과 사회 부문에서 빈곤층과 극빈곤층이 증가하자 보건 부문에서 발생한 위기가 경제적·사회적인 위기로 이어지고 있으며, 이러한 상황은 '인간 안보'의 위기로까지 이어지고 있다. 중남미 지역에서 빈곤과 극빈곤 비율은 2002년 이래 지속적으로 감소해 왔는데, 빈곤 비율은 전체 인구의 30% 수준을, 이 중 극빈곤 비율은 10% 수준을 유지해 왔다. 그러나 2020년 코로나19 발생으로 인해 국내총생산(GDP)은 9.1% 감소되고 실업률은 13.5%에 이를 것으로 전망되었다. 빈곤층 인구는 2020년 약 4500만 명 증가한 2억 3090만 명일 것으로 예상되는데, 이는 중남미 총인구의 37%에 해당한다(CEPAL, 2020a: 3). 또한 극빈곤층의 인구는 2019년 6770만 명에서 2020년 9620만 명으로 증가할 것으로 예상되는데, 이는 전체 인구의 15.6%에 해당하는 수치이다(CEPAL, 2020a: 3).

지역의 불평등 상황을 파악할 수 있는 지니계수(GINI) 역시 국가별로 1~8%로 증가할 것이며, 이는 멕시코와 브라질 같은 경제 규모가 큰 국가에 더 많은 영향을 미칠 것으로 전망되고 있다(CEPAL, 2020a: 3). 앞에서 언급한 것처럼, 중남미 지역은 사회보호제도의 혜택으로부터 제외된 비공식 부문의 노동자 비율이 절반을 차지하고 있다. 물론 국가별로 차이가 있는데, 실례로 우루과이는 비공식 부문의 노동자 비율이 25%에 불과하지만 페루와 온두라스는 그 비율이 80%에 이른다(OECD, 2020a: 11).

비공식 부문에 속하는 노동자들과 소규모 독립 자영업자의 대다수는 사회적 거리두기 같은 방역정책을 실행하거나 재택근무를 하기가 쉽지 않은 환경에 처해 있다. 이 외에도 소규모 인력이 근무하는 중소기업과 독립 자영업자의 작업장에서는 격리정책의 효과가 미미할 수 있다. 또한 이들이 ICT 같은 기술적인 인프라에 접근하고 이를 활용할 수 있는 역량이 부족하다는 측면을 고려한다면, 코로나19 상황에서 직면할 수 있는 취약성에 대해 파악할 수 있다.

이 외에도 역내 약 9%와 21%를 차지하고 있는 원주민과 아프리카계 후손들은 사회보장제도 혜택에서 제외되어 있고 노동시장에서 차별을 받고 있다. 특히 보건과 기초서비스에 대한 접근성이 떨어지는 지역에 거주하는 원주민들은 코로나19로 인해 더 많은 영향을 받고 있다(CEPAL, 2020b: 50).

중남미 국가들은 코로나19에 대응하기 위해 국경 폐쇄, 이동 제한, 집회 금지, 검역 강화, 격리조치, 경제봉쇄정책, 사회보호조치 등 공공보건 부문뿐 아니라 경제적·사회적 영역까지 포괄하는 종합적인 성격의 정책을 추진했다. 앞에서 언급한 것처럼 코로나19는 인간 안보를 위협하는 총체적인 위기 상황으로, 특정한 지역과 공간을 중심으로 한정적으로 영향을 끼치는 자연재해의 성격을 넘어선 초국가적 성격의 감염병 사태로 발전하면서 광범위한 영역에서 대규모의 피해를 발생시켰다.

이러한 상황에서 각 국가는 기존에 자연재해 상황에서 추진해 왔던 긴급구호의 접근방식과는 다른 형태의 정책을 실행했다. 특히 중남미 지역처럼 빈부격차가 심하고 비공식 부문에 종사하는 인구 비율이 높은 국가에서 재정투자가 결합되지 않은 거리두기와 봉쇄정책을 실시할 경우 취약계층과 국가 전체의 경제에 영향을 미칠 수 있다(김희숙

〈그림 2-1〉 중남미 16개국 100만 명당 일일 확진 건수(2020년 3월 1일~8월 31일)

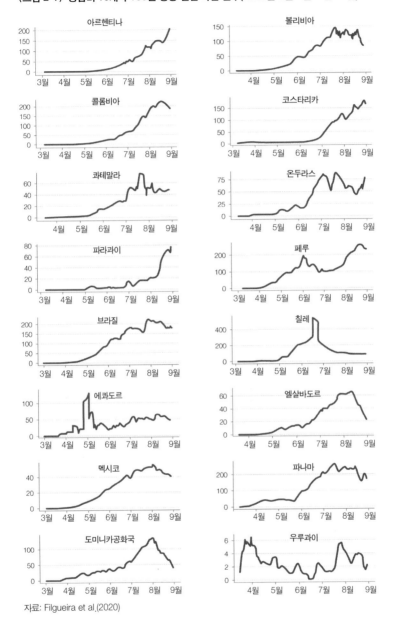

자료: Filgueira et al.(2020)

외, 2020). 이러한 맥락에서 코로나19에 대응하는 정책들은 다부문의 영역에 기반해 포괄적으로 추진되었다. 따라서 이 장에서는 중남미 지역에서 추진되었던 보건, 경제, 사회 부문의 정책을 살펴보고자 한다.

중남미에서 코로나19가 확진된 첫 사례는 2020년 2월 26일 브라질에서 발생했으며 멕시코에서는 2월 28일 발생했다. 이 두 국가의 확진자들은 이탈리아에서 확진자와 접촉하고 귀국했으며, 이들로 인해 코로나19는 지역사회로 전파되었다. 이처럼 중남미 대다수 국가에서 코로나19 확진 사례는 3월 초순과 중순경 발생하기 시작했는데, 대부분 이탈리아와 스페인 등 유럽 국가를 방문하고 귀국한 사람들로부터 역내 전파가 시작되었다. 이후 이들로부터 시작된 코로나19는 지역사회의 취약계층에 많은 피해를 끼쳤으며 코로나19의 확진 및 전파 과정에는 중남미의 사회적 격차와 불평등 상황이 반영되었다.

〈표 2-1〉에서 보듯 확진 사례가 발생한 이후 브라질, 멕시코, 도미니카공화국, 니카라과, 에콰도르, 온두라스 등을 제외한 대다수 국가에서는 2주 이내 격리조치가 시행되었고, 전면 또는 부분적인 형태의 봉쇄정책이 추진되었다. 확진자가 발생한 이후 봉쇄정책은 대부분의 국가에서 비교적 신속하게 이루어졌으나 코로나19는 빠르게 확산되었다.

정책은 정치적 행위와 관련되며 기존 제도의 틀 내에서 이루어진다. 따라서 정치, 경제, 보건, 사회 등 각 영역에서 포괄적인 성격의 정책을 시행하는 과정에서는 정치체제의 특성, 전염병과 정보의 관리에 대한 정부와 정책결정자의 인식과 태도, 투명성, 리더십이 중요한 요소로

<표 2-1> 중남미 주요 국가의 코로나19 첫 확진 사례 및 격리조치 시행 시기

국가명	코로나19 첫 확진 사례	격리조치 시작일자
아르헨티나	3월 3일	3월 12일
볼리비아	3월 10일	3월 21일
브라질	2월 26일	3월 24일
칠레	3월 3일	3월 18일
콜롬비아	3월 6일	3월 24일
코스타리카	3월 6일	3월 18일
에콰도르	2월 29일	3월 16일
엘살바도르	3월 18일	3월 11일
과테말라	3월 13일	3월 14일
아이티	3월 19일	-
온두라스	3월 11일	3월 29일
멕시코	2월 28일	3월 22일
니카라과	3월 18일	-
파나마	3월 9일	3월 15일
파라과이	3월 7일	3월 18일
페루	3월 6일	3월 20일
도미니카공화국	3월 1일	3월 19일
우루과이	3월 13일	-
베네수엘라	3월 13일	3월 14일

자료: Pagés et al.(2020); OECD(2020a); ASCOA(2020)를 바탕으로 필자 재작성

부각되었다. 실례로 코로나19의 대응 과정에서 멕시코와 브라질은 좌파와 우파 정부로 정치적 성향은 달랐으나 정책결정자들이 권위주의적인 성격의 접근방식으로 정책을 실행했다. 또한 코로나19 초기부터 브라질 자이르 보우소나루(Jair Bolsonaro) 대통령은 사회적 거리두기와 같은 방역정책에 안이하게 대처했으며, 멕시코 로페스 오브라도르(López Obrador) 대통령은 국내 순회 및 지지자들과의 신체적인 접촉을 지속했다. 또한 마스크 착용을 거부했는데, 결국 두 국가의 대통령을

비롯한 각료와 보좌진은 코로나19에 감염되었다.

이처럼 방역정책에 대한 정책결정자들의 태도는 모호했으며 전염병과 관련된 정보의 공유 및 관리가 투명하지 못했다. 이로 인해 정부에 대한 대중의 신뢰는 약화되었다. 한편, 코로나19와 관련해 브라질 인구의 60% 이상이 정부를 신뢰하지 않는다는 조사 결과도 있었는데, 이는 정부가 공유하는 통계의 투명성이 결여되면서 나타난 현상이었다(Benítez et al., 2020: 7).

또한 과거 중앙정부와 비교할 때 정치적인 영향력이 제한되어 왔던 주정부는 코로나19 상황에서 주요한 행위주체였다. 이는 주정부가 시민을 대상으로 방역정책을 추진하고 직접적인 기초서비스를 제공하는 행위자로서 부각되었기 때문이다. 이로 인해 이들의 정치적인 영향력이 상대적으로 강화되었다. 이러한 주정부의 역할과 더불어 시민단체들 역시 정부가 공개하는 정보의 신뢰성과 투명성 문제를 제기하면서 중요한 행위주체로 활약했다.

코로나19로 인해 보건 부문에서는 의료시설과 의료 인력이 부족한 현상이 발생했다. 정부는 의료진에게 보호장비를 제대로 지원하지 못했고, 이들의 급여가 체불되기도 했으며, 열악한 근무환경으로 인해 의료진 중에서 확진자와 사망자가 다수 발생했다. 이로 인해 의료 인력은 업무를 중단하고 파업을 선언하기도 했다. 병원과 집중치료 병상, 산소호흡기, 의약품 등이 부족해지면서 의료 시스템 붕괴에 대한 우려가 제기되었다. 특히 중남미에서 일반적으로 나타나는 지역 간, 계층 간 격차로 인해 의료 환경이 열악한 도시 빈민 거주 지역이나 농촌, 원주민 거주 지역에서 이러한 문제가 심각하게 대두되었다.

대다수 정부에서는 코로나19를 진단하고 이를 추적할 수 있는 역량이 부족했으며 전반적인 의료서비스가 마비되면서 기저질환자가 늘어났고 합병증으로 인한 사망자도 급증했다. 이러한 상황에서 장례 절차나 서비스가 제대로 이루어지지 않는 경우도 발생했으며 에콰도르와 같은 국가에서는 시신을 집 안에 방치하거나 길거리에 버리기도 했다.

2. 코로나19에 대응하기 위한 중남미 주요 국가의 긴급 대응 정책

코로나19에 대응하기 위한 중남미 국가들의 긴급 대응 정책은 보건, 경제, 사회 부문에서 추진되었다.

〈표 2-2〉에서 보는 것처럼, 주요 국가에서 부족한 의료시설, 집중치료 병상과 임시시설이 확충되었고 신속진단 검사가 승인되었다. 보건 전문 인력을 모집했고, 원격상담 및 원격진료가 이루어졌으며, 의료모니터 요원이 직접 파견되기도 했다.

아르헨티나, 칠레, 코스타리카, 에콰도르에서는 신속진단 검사가 승인되었으며, 코스타리카에서는 진단과 치료에 대해 무료지원이 이루어졌다. 칠레, 도미니카공화국, 엘살바도르, 과테말라, 파나마, 우루과이는 비교적 이른 시기에 공공장소에서 마스크 착용을 의무화했다. 한편, 칠레에서는 코로나19 환자를 수송하기 위해 공군이 투입되었고 환자의 추적과 격리를 위해 좀 더 적극적인 전략이 수립되었다.

〈표 2-2〉 코로나19에 대응하기 위한 중남미 국가의 주요 보건정책

국가명	주요 정책
아르헨티나	- 코로나19의 신속진단검사 승인, 집중치료 병상 확대, 임상시험 참여
브라질	- 학교, 교회, 가게에서 마스크 의무 착용 - 'Cuenta Conmigo'를 통해 코로나19 퇴치 지원을 위한 97만 명의 보건전문 인력 모집
칠레	- 공공장소에서 마스크 의무 착용 - 코로나19의 신속한 진단검사, 환자 수송을 위한 공군 투입 - 진단검사, 추적, 격리를 위한 새로운 전략 수립
콜롬비아	- 집중치료 병상 확대 - 국가비상사태 종료(2020년 8월 31일) - 콜롬비아 다수 의료 기관 및 의학 전문대학에서 보건부 웹페이지를 통해 코로나19 및 집중치료실 관리와 관련한 화상교육 제공, 의료인들의 코로나19 대응역량 강화 - 상담전화 및 대응 어플리케이션 운영
코스타리카	- 코로나19와 관련된 정신건강, 심리적인 지원에 대한 지침 발표 - 코로나19 환자에 대한 원격상담, 다른 환자에 대한 후속조치 지원 - 코로나19 진단과 치료의 무료지원
도미니카 공화국	- 공공장소에서 마스크 의무 착용 - 통행금지, 육지 국경 폐쇄, 공공 부문을 필수인력으로 운영, 상업 활동의 운영시간 차등화 - 보건부, 경찰, 군과의 협력을 통해 코로나19 확산 통제 - 국민을 대상으로 코로나19 관련 의료서비스 보장 - 코로나19 치료 병원, 집중치료 및 격리병상 마련 - PCR 검사 건수 확대, 인공호흡기 및 특수구급차 보강 - 감염 의심자에 대해 감금, 능동적 감시, 조기진단, 격리 및 관리조치의 채택을 위한 법적 근거 마련 - 가장 영향을 많이 받은 지역에 검사센터 설립, 특정 지역 간 사람들의 이동 제한, 의료시설, 슈퍼마켓, 상점 내 방역
에콰도르	- 통행금지, 공공과 민간 부문 근로자의 원격근무, 행사 제한 - 가장 영향을 받은 지역에 10개 야전병원 설치 - 코로나19 진단검사의 무료지원 - 17개 도시에 의료 모니터 파견 - 보건의료 인력에 대한 방역조치 강화 - 마스크, 손세정제 등의 수출 금지 - 대중교통 내 방역조치 - 고령자, 장애인, 만성질환자 관리 - 상담 콜센터 운영, 초진 디지털 플랫폼, 마스크 의무 착용

국가명	주요 정책
엘살바도르	- 국가비상사태 선포와 헌법에 규정되어 있는 기본권을 제한할 수 있는 법안 제출 - 30일간의 휴교령 - 공공장소에서 마스크 의무 착용 - 위생 조치를 평가하기 위해 보건전문가의 가정방문 의무화 - 긴급전화에 응답하고 의약품 구매를 관리할 수 있는 콜센터 설치 - 신분증 끝 번호에 따라 식료품 구입, 생필품 바구니 배포
과테말라	- 공공장소에서 마스크 의무 착용 - 코로나19 감염병 전용 5개 임시 병원 건설 - 민간병원의 PCR 검사 허용 - 검사장비 분산 배치, 호흡기 치료센터 마련, 범미주보건기구(PHAO)에 백신 구입을 위한 기금 신청 - 대중교통 내 방역지침 마련(마스크 착용, 정원의 50% 탑승, 1일 2회 소독, 체온계, 손 세정제 비치) - 마스크 제작을 위한 보건부(재료 공급)와 국방부(시설 및 인력 제공) 간 협약 체결 - 지역봉쇄조치(지역 이탈금지, 타 지역 주민의 출입금지) - 코로나 필수 의약품 지정(사재기, 가격 폭리, 의약품 서비스 공급 거부 등에 대한 통제)
온두라스	- 사체 처리 역량을 넘어선 경우, 매장 가능한 공간의 확인을 지방정부에 요청 - 진단과 기본적인 치료를 위해 가장 영향을 많이 받은 지역에 의료단 파견
멕시코	- 입원역량을 높이고 의료 인력의 배치 조정을 위해 1억 8000만 달러의 기금 제공 - 병원 점유율, 가능한 병상을 토대로 모니터링 계획 수립 - 멕시코시티에서 매달 10만 건의 검사를 시작해 일일 평균 검사 건수를 145% 증가(2020년 7월)
파나마	- 공공, 민간 부문을 위한 보건, 안전지침 발표 - 공공장소에서 마스크 의무 착용
파라과이	- 코로나19 환자 치료를 위해 2개 병원 완공, 집중치료 병상 확장 - 회복된 코로나19 환자가 임상시험에 참여하고 혈장을 기증해 코로나19 환자를 치료할 수 있는 보건부 국가혈액 프로그램 시행 - 중환자실 지원을 위해 의료 인력에 대해 추가적인 전문교육 지원 - 코로나19상담센터 운영, 자가 어플리케이션 개발, 치료 장비 확보를 위한 노력
페루	- 코로나19로 인해 원격의료 서비스 시작 - 쿠바에서 85명의 의료전문가 도착
우루과이	- 대중교통에서 마스크 의무 착용 - 건강보험 계획과 관련 없는 노인에 대한 지원을 강화하기 위해 두 개 주의 서비스 제공자와 합의 - 브라질 국경에 있는 코로나19 진단검사실 설치, 매일 최대 500건의 진단검사 수행

자료: OECD(2020a); 한국국제협력단(2020)

브라질은 보건전문 인력을 모집했다. 멕시코는 코로나19 발생 이후 진단검사의 비율이 역내에서 가장 낮은 국가 중 하나였으나 7월 이후 진단검사의 건수를 확대했다. 코스타리카와 페루는 원격방식을 통해 환자에 대한 상담과 치료를 지원했으며, 에콰도르, 엘살바도르, 온두라스는 의료 인력이나 보건 전문 인력을 직접 파견해서 모니터링과 치료를 시행했다. 이처럼 중남미의 대부분의 국가는 환자를 추적하거나 신속한 진단검사를 시행하거나 치료와 관리를 포괄할 수 있는 종합적인 보건정책을 추진하지 못했으며, 질병의 예방과 진단보다 환자의 치료에 집중했다.

중남미에서 코로나19로 인해 발생하는 경제적·사회적 영역의 문제들은 지역, 계층, 인종 차원의 불평등과 관련되고 있다. 이에 중남미 국가들은 노동자들의 소득 손실을 보전하기 위해 사회보호 조치를 실행했는데, 수혜자들에게 신속하고도 직접적으로 지원할 수 있는 방안으로 코로나19 이전부터 추진해 온 조건부현금이전(Conditional Cash Transfer: CCT) 프로그램에 기반한 정책을 추진했다(Cejudo et al., 2020: 6). 코로나19 이전인 2015년에는 지역 인구의 20%에 해당되는 약 1억 3000만 명이 CCT 프로그램의 수혜자였고 GDP의 0.33%에 해당되는 재원이 CCT 프로그램에 투입되었다(CEPAL, 2019: 121). 그러나 이러한 정책은 점차 감소하는 추세였다. 그러다가 코로나19가 발발하자 CCT 프로그램에 기반을 둔 사회보호조치가 다시 적극적으로 추진되었다. 원래 CCT 프로그램의 대상은 취약한 계층의 가구에게로 초점이 맞추어졌으나 코로나19 이후에는 코로나19로 영향을 받는 계층과 지역 내 여성, 고령자, 장애인, 여성가구주 등으로 그 범위가 넓어졌으며 취약계층에 대한 지원도 강화되었다.

기존에는 CCT 프로그램의 지원을 받기 위해서 지원 대상인 빈곤가구의 아동이 학교 수업에 출석하거나 백신을 맞아야 하는 등의 조건이 충족되어야 했다. 하지만 코로나19 이후 격리조치로 인해 이러한 조건을 이행할 수 없게 되자 새로운 CCT 프로그램이 기획되었다. 또한 수혜자의 범위도 코로나19로 인해 영향을 받는 가구를 포함하는 것으로 확대되었다. 이 외에 봉쇄정책하에서도 재택근무를 할 수 없는 계층, 특히 비공식 부문과 독립 자영업자에 대한 지원이 이루어졌으며, 이미 일자리를 잃거나 근무시간이 축소되어 임금이 감소한 노동자도 지원을 받았다.

이처럼 중남미의 대다수 국가는 CCT 프로그램을 통해 기존에 구축되어 있던 수혜대상자의 정보를 기반으로 신속하게 정책을 실행하기 위한 조치를 취했다.

이와 같이 CCT 프로그램은 전통적으로 분배를 강조했던 중남미 좌파 성향의 정권에 의해 적극적으로 추진되어 왔다. 이 프로그램은 빈곤가구에 초점을 둔 선별적인 성격의 사회보호 조치였다. 그러나 코로나19에 대응하는 과정에서 정부의 정치적인 성향과 관계없이 광범위한 규모로 정책이 실행되었고, 보편적이고 포괄적인 계층을 대상으로 지원범위를 확대하는 경향을 보였다. 실례로 UN 중남미카리브경제위원회(CEPAL)에 따르면, 2020년 3월 13일부터 4월 24일까지 29개 중남미 국가는 취약계층을 대상으로 126개의 사회보호 조치와 관련된 프로그램을 추진했다(정상희, 2021).

또한 중남미 국가들은 물, 가스, 전기, 전화, 휴대폰, 인터넷, TV와 같은 기초서비스와 관련된 요금을 동결하거나 지불을 정지 또는 면제하는 조치를 취했으며, 식품과 의약품 같은 필수품의 가격을 통제하고 취약가구에 대해 식량 바구니를 지원했다.

주요한 경제정책으로는 금리를 인하하고 의료 분야에 대한 예산을 확대하는 등 기존 예산을 조정하고 추가적인 긴급 기금을 조성했다. 공공 부문에서도 예산을 삭감하는 조치를 취했는데, 에콰도르는 공무원의 임금을 삭감했으며 공공기관과 일부 재외공관을 폐쇄 또는 병합하는 조치를 취함으로써 긴축재정 정책을 실시했다.

기업에 대한 정책으로 특히 중소기업에 대해 대출조건을 완화했으며, 농업, 관광, 항공 분야와 같이 코로나19로 인해 가장 많은 피해가 발생한 산업 분야에 대해 대출을 포함한 경제적인 구제 조치를 추진했다. 이 외에도 정부는 기업이 노동자를 대상으로 실업보험을 제공하도록 했고, 작업장이 폐쇄되거나 근무시간이 줄어들면서 발생하는 노동자들의 임금 손실을 보전할 수 있도록 기업에게 보조금을 지원함으로써 노동자를 해고하거나 정직시키는 것을 금지했다. 또한 노인, 임산부, 기저질환자 등의 휴직을 허용하는 법령도 승인했다.

이처럼 코로나19의 확산을 막기 위한 조치와 더불어 경제를 재활성화하기 위한 계획도 수립했다. 콜롬비아에서는 전자제품과 컴퓨터를 구매할 때 면세일을 지정했으며, 실업률을 줄이기 위해 일자리를 창출하고 전자상거래를 활성화하는 데 초점을 둔 정책도 시행했다.

〈표 2-3〉 코로나19에 대응하기 위한 중남미 국가의 주요 경제·사회정책

국가명	주요 정책
아르헨티나	- 인터넷, TV, 휴대폰 서비스 요금 동결 연장 - 2020년 12월까지 필수 노동자에 대한 보완적인 급여 지원 - 2021년 1월 31일까지 주택 퇴거, 임대료 및 담보대출 동결 - 회사가 정당한 이유 없이 또는 인력 감축으로 인해 직원을 해고하거나 정직하는 것을 금지하는 법령을 추가적으로 60일 연장 - 식품 및 건강 관련 제품 가격의 통제 - 코로나19에 대응하기 위해 의료예산 확대
브라질	- 추가적인 연방자금 조성 - 비공식 노동자를 포함하기 위한 비상 소득계획 연장 - 2020년 12월 31일까지 비공식 노동자, 실업자, 조건부 현금이전 프로그램(Bolsa Familia)의 수혜자 등 긴급지원 프로그램의 연기 - 'Pro-Brazil' 경제 계획의 실행 - 연방정부가 주정부에 대한 자금 지원 - 중소기업에 대한 대출자금 지원
칠레	- 저소득층을 대상으로 식량 지원 - 의회가 긴급가구소득 프로젝트의 실행을 위해 비상기금 승인 - 긴급가구소득, 지방정부, 시민단체, 실직자, 의료부문의 보호를 위한 긴급계획 실행 - 100만 명 이상의 중산층을 위한 지원 - 전염병 관련 기금으로 예산을 재조정
콜롬비아	- 채무자에게 1년 유예기간을 부여하는 법승인 - 저소득가정, 대출금 상환이 필요한 학생의 지원 - 코로나19로 피해를 입은 사업장 근로자에 대한 임금 지원 - 세금 환급, 중소기업을 위한 대출금 지급, 농업, 관광 및 항공 부문의 특별 대출을 포함한 경제적 구제 조치 시작 - 가전제품, 전자제품, 컴퓨터 구매 시 면세일 지정 - 2022년 말까지 실업률을 6%로 줄이기 위해 일자리 창출 및 전자상거래에 초점을 맞춘 코로나 이후 경제 재활성화 계획 시작 - 2020년 대비 약 20% 예산 확대
코스타리카	- 4월부터 6월까지 조세 감면법 승인(부가가치세, 소득세, 선택적 소비세, 수입품에 대한 관세) - 일자리를 잃거나 소득이 불안정한 노동자를 대상으로 석 달간 220달러까지 지원하는 온라인 금융 플랫폼(Plan Proteger) 시작

국가명	주요 정책
	- 37만 5000가구에 3억 9000만 달러를 지원하는 계획 시작
	- 중소기업 대출과 민간투자 유치 계획 기획
	- GDP의 1%까지 공공 부문에서 지출 삭감
도미니카 공화국	- 임금 손실 및 식량 불안 완화를 위한 경제계획 실행
	- 복지카드 대상자와 그 외 대상자에게 식량, 필수품 지원
	- 복지카드(Tarjeta Solidaridad) 프로그램에 7만 가구를 추가 포함
	- 고용보험 프로그램 수립(민간 부문에 종사하는 공식 부문 노동자에게 임시로 지원), 비공 식 부문 노동자의 생계 지원
	- 중앙은행이 은행과 수출 산업 부문에 대해 대출 승인
	- 세금 납부 기간의 연장, 기업들에게 신용 제공, 금리 인하
에콰도르	- 월 소득이 400달러 미만인 가구에 대해 60달러를 지원하는 사회복지 프로그램에 200만 명을 추가로 포함
	- 공공서비스 무료지원
	- 노동시간 단축, 공공기관과 일부 재외공관의 폐쇄 또는 병합을 통한 긴축재정 정책 실행
	- 2020년 상반기에 수익을 얻은 1200개 기업에 대해 예정보다 최소 5개월 앞서서 소득세 를 납부하게 하고 약 2억 8000만 달러를 12만 5000개 중소기업에 재분배
	- 공무원의 임금 삭감, 자동차세 부과, 법인세 인상
엘살바도르	- 3개월 간 공공서비스, 전화, 인터넷 서비스에 대한 지불 정지, 2년간 지불 유예, 대출 조 정, 자동차, 신용카드의 지불 동결
	- 가구의 75%에 대해 가구당 300달러 지원, 생필품 바구니 배포
	- IMF로부터 긴급지원 대출
	- 중소기업에 대출, 비공식 부문의 사업주에 대한 자금 지원을 통해 10억 달러 규모의 경 제 계획 실행
	- 보건부 및 공공기관 내 직원에게 추가적인 급여 지급
	- 세금 납부 연기 및 면제(관광업 종사자 등)
과테말라	- 노인, 보건, 일자리, 안전, 경제 프로그램의 긴급기금 조성을 위한 법안 승인
	- 공식 부문의 해고된 노동자를 지원, 취약계층을 위한 식량쿠폰 제공, 공립학교에서 학생 의 급식을 충당하기 위해 20만 가구 지원
	- 기본서비스 중단 금지법 시행(수도, 전기, 통신 등)
	- 코로나19를 예방 및 봉쇄하기 위해 긴급재난 기금조성을 위한 법안 승인
	- 미국 기업 국내 투자 촉구
	- IMF의 긴급 차관 승인
온두라스	- 기업의 매출에 대한 세금 납부 연장

국가명	주요 정책
	- 휴직근로자 70%에게 상여금 지급 - 중앙은행이 자금 방출, 대출 금리 인하 - 지방정부가 코로나19에 대처하기 위해 국가 예산의 45%까지 사용할 수 있도록 허용 - 국제기구로부터 대출 승인
멕시코	- 코로나19 환자를 돌보는 의료 종사자에게 생명보험 지원 - 고령층에 대한 연금 선지급 - 고위급 공무원에 대해 최대 25%의 급여 삭감, 10개 차관직의 구조조정, 긴축재정 - 주택 소유자, 공식 및 비공식 노동자, 중소기업을 대상으로 소액대출 지원
파나마	- 저소득 가정에 기금과 자원의 배분을 위해 파나마 솔리다리오(Panamá Solidario) 프로그램 실행 - 4개월 간 전기, 인터넷 및 전화 요금에 대한 지불 중지 - 2020년 12월 31일까지 담보대출, 신용카드, 다른 대출의 지불 정지 - IMF, 세계은행, 미주개발은행 등 국제기구에서 신용대출 - 전염병에 대응한 자금 방출
파라과이	- 긴급 사회복지 프로그램의 일환으로 보조금 지원 - 저소득층, 중소기업을 대상으로 대출 확대 - 공공보건서비스, 일자리 보호를 위한 지원 - 공공인프라, 주택건설 추진을 통한 고용 창출, 국경지역 경제 활성화 정책 추진 - 비공식 부문의 노동자, 민간 의료기관, 저소득층, 실업자, 노년층에 대한 지원 - 세금 납부 기간 연장, 개인소득세 납세 완화
페루	- 실직한 비필수 부문의 노동자 임금 지원 - 농촌의 100만 가구에 현금 지원 - 약 35만 개의 기업에 대해 채권 발행 - 근로보장기금의 인출 허용 - 회사의 규모에 따라 최대 대출 금액을 50% 증가 - 주민 대상 생필품, 식료품 지원
우루과이	- 집에 머물 수 있도록 65세 이상 노동자에 대해 보조금 지원 - 실업자와 부분 취업자를 대상으로 급여 지원 - 3개월 간 건강보험을 잃은 약 14만 7000명의 근로자에게 건강보험료 지원 - 기업에 대출 지원 - 대규모 투자에 대해 새로운 면세를 포함한 투자유치 계획 실행

자료: OECD(2020a); 한국국제협력단(2020)

우루과이와 코스타리카는 대규모 민간투자를 유치하기 위한 계획을 수립했다. 파라과이는 공공인프라 및 주택을 건설함으로써 고용을 창출하고 국경 지역의 경제를 활성화하는 정책을 추진했다.

중남미 지역에서는 2008년 금융위기 이후 코로나19로 인해 심각한 재정위기와 자본유출 상황이 발생하고 있다. 절반 이상의 노동자가 일용직, 임시직 같은 비공식 부문에 종사하고 있으며 지역에서 중소기업이 약 99%를 차지한다는 사실을 감안한다면 이러한 취약한 경제의 구조적인 문제로 인한 피해는 더욱 가중될 것으로 전망된다.

중남미 지역은 왜 코로나19로 인해 많은 피해를 입게 되었을까? 중남미 국가들은 코로나19의 첫 확진 사례가 발견된 이후 선진국과 비교할 때 비교적 이른 시기에 사회적 거리두기 정책을 실행했으며, 국경 폐쇄의 조치와 더불어 교육을 중단하고 원격근무를 확대했다. 또한 필수적이지 않은 공공장소는 폐쇄했고 대규모 모임도 금지했다. 앞에서 언급한 것처럼 정부는 중소 규모의 기업을 지원하고 취약계층 노동자와 빈곤가구의 급격한 소득 감소를 막기 위해 사회보호 정책을 추진했다. 이처럼 선진국에서 실행한 대부분의 정책을 중남미 국가에서도 추진했으나 중남미 국가에서는 코로나19가 지속적으로 확산하고 사망자가 급증했으며, 정책의 효과도 제대로 나타나지 않았다.

중남미 지역이 코로나19로 많은 피해를 입은 요인으로는 우선 중남미 국가의 재정적인 취약성을 들 수 있다. 즉, 정부는 긴급 대응 정책에 충분한 재정적인 투자를 실행하기 어려웠는데, 이는 비공식 부문의 노동자 비율이 높다는 것과도 관련되어 있다. 정부는 비공식 부문의 노동자를 대상으로 조세를 부과하기가 어려운데, 이는 정부의 취약한 재정 상황을 더욱 악화시키는 요인이 되었다. 또한 거버넌스의 취약성을 들 수 있다. 한 예로, 봉쇄정책을 비교적 이른 시기에 추진했던 칠레에서는 기본적인 식량 지원이 실제 저소득층의 가정에 배분되기까지 약 50일이 소요되었고, 브라질에서는 64일이 걸렸다. 비교적 정책이 신속하게 실행되었다고 알려진 콜롬비아의 경우 9일이 소요되었다(BBC, 2020.10.19).

앞에서 언급했던 것처럼, 정책을 신속하게 실행하기 위해 중남미 국가들은 CCT 프로그램을 활용했으나 실제로는 정책이 신속하게 이행되지 못했는데, 이는 정부의 거버넌스가 취약했기 때문이었다고 볼 수 있다. 또한 중소 규모의 기업과 독립 자영업자가 차지하는 비율이 높고 이들의 사업장에 소규모 인원이 근무했으므로 봉쇄정책과 격리조치의 효과는 제한적으로 나타날 수밖에 없다.

중남미는 선진국과 비교할 때 보건 부문에서 노년층의 인구 비율이 낮다. 하지만 당뇨, 고혈압, 호흡기질환 등의 기저질환자 비율이 높고 집중치료 병상, 의료 인력, 의약품과 장비가 부족하며, 물, 위생, 마스크, 손소독제와 같은 위생용품 등 기초사회서비스에 대한 접근성이 떨어지는 취약한 인구집단이 존재한다. 이 외에도 가구 내 가족 구성원 간의 접촉 빈도 및 밀도가 높고 조부모, 부모, 자녀 등이 공동으로 거주하는 세대 간 거주 형태도 문제점 중 하나로 언급된다. 선진국에서는 한 가구 내에 거주하는 가족 구성원의 수가 평균 2.5명이지만 중남미 지역은 평균 4.1명으로 조사되었다(Pagés et al., 2020).

이처럼 봉쇄정책은 취약계층의 생계에 위협이 되고 있다. 또한 많은 가족 구성원이 공동으로 거주하는 제한된 공간 내에서는 또 다른 문제가 발생하고 있는데, 바로 아동과 여성에 대한 육체적·성적 폭력이다. 실제 코로나19 이후 가정폭력에 대한 신고 건수가 칠레에서 100%, 콜롬비아에서 90%, 멕시코에서 60%, 아르헨티나에서 40% 증가했으며, 콜롬비아에서는 여성 살해가 3배 증가한 것으로 나타나고 있다(Pagés et al., 2020: 15).

중남미와 같은 개발도상국은 경제적·사회적 구조가 선진국과 다르기 때문에 긴급 대응 정책도 다른 형태로 추진해야 할 필요성이 논의되었다. 실례로 역학적인 관점으로 볼 때 교육기관을 폐쇄하는 것이 효과적일 수 있다. 교육기관을 폐쇄하면 학교에서 감염된 학생이 집에 거주하는 노인을 감염시킬 가능성이 줄어든다. 한편 노년층을 격리하면서 이들에 대해 사회보호 조치를 강화하면 다른 연령층의 인구집단에게 정상적인 경제활동을 허용할 수 있다(Alon et al., 2020).

이와 같이 중남미 지역은 보건, 경제, 사회 분야의 정책에서 취약계층에 초점을 두고 있다. 특히 직종의 성격과 관계없이 노동자들을 공식적인 사회안전망에 포함될 수 있도록 지원하고 있으며, 모든 사회구성원을 포괄할 수 있는 보편적인 성격의 사회정책에 대한 논의가 이루어지고 있다(OECD, 2020b: 3).

참고문헌

김희숙 외. 2020. 「코로나19에 맞선 동남아의 대응: 초기 대처과정의 잠정적 함의」. ≪아시아연구≫, 23호(2), 75~116쪽.

정상희. 2021. 「코로나19 이후 중남미 지역의 긴급대응 정책에 대한 고찰: 브라질과 멕시코 사례를 중심으로」. ≪중남미연구≫, 40호(1), 33~68쪽.

한국국제협력단. 2020. 『KOICA중남미지역 코로나19 대응전략 보고서』. 성남: 한국국제협력단.

Alon, Titan et al. 2020. "How should policy responses to the Covid-19 pandemic differ in the developing world?" Cambridge: National Bureau of Economic Research.

ASCOA. 2020. "The Coronavirus in Latin America", https://www.as-coa.org/articles/coronavirus-latin-america(consultado el 26 de octubre de 2020) (검색일: 2021.3.30).

BBC. 2020.10.19. "Coronavirus: ¿por qué América Latina es la región con más muertes en el mundo?." https://www.bbc.com/mundo/noticias-america-latina-54597871(검색일: 2021.3.30).

Benítez, M.A. et al. 2020. "Responses to COVID-19 in five Latin American countries." *Health Policy and Technology.* https://doi.org/10.1016/j.hlpt.2020.8.14.

Cejudo, Guillermo M., Michel, Cynthia L. y de los Cobos, Pablo. 2020. *Respuestas para enfrentar la pandemia en América Latina y el Caribe: el uso de programas de transferencias monetarias y de sistemas de información de protección social.* PNUD.

CEPAL. 2019. *Informe de avance cuatrienal sobre el progreso y los desafíos regionales de la Agenda 2030 para el Desarrollo Sostenible en América Latina y el Caribe.* Santiago de Chile: Naciones Unidas.

_____. 2020a. *Pactos políticos y sociales para la igualdad y el desarrollo sostenible en América Latina y el Caribe en la recuperación pos-COVID-19,* No. 8 *Informe Especial COVID-19.* Santiago de Chile: Naciones Unidas.

_____. 2020b. "Construir un nuevo futuro, Una recuperación transformadora con igualdad y sostenibilidad". *Trigésimo octavo período de sesiones de la CEPAL.* 26 a 28 de octubre. Santiago de Chile: Naciones Unidas.

Filgueira, Fernando et al. 2020. *América Latina ante la crisis del COVID-19 Vulnerabilidad socioeconómica y respuesta social.* Santiago: Naciones Unidas.

OECD. 2020a. *COVID-19 en América Latina y el Caribe: Panorama de las respuestas de los gobiernos a la crisis.*

_____. 2020b. *OECD-LAC Virtual Social Inclusion Ministerial Summit, Informality & Social Inclusion in the Times of COVID19, Conclusions and Policy Considerations.*

Pagés, Carmen et al. 2020. *Del confinamineto a la reapertura: Consideraciones estratégicas para el reinicio de las actividades en América Latina y el Caribe en el marco de la Covid-19.* Washington, D. C.: Banco Interamericano de Desarrollo.

/

제3장

코로나19와 국제개발협력 이슈

1. 코로나19와 ICT

코로나19 시기 동안 정보통신기술(ICT)의 중요성이 부각되었다. 이는 경제, 교육, 보건 부문에서 재택근무, 온라인 교육, 원격진료가 확산되었기 때문이다. 또한 정부는 행정서비스 업무와 시민과의 사회적인 상호작용에서 ICT의 활용을 확대해 왔다.

2020년 1~2분기 동안 웹사이트와 앱 사용량을 기준으로 볼 때, 아르헨티나, 브라질, 칠레, 콜롬비아, 멕시코 등 중남미의 주요 국가에서 재택근무는 324%, 전자상거래와 배송은 157%, 온라인 교육은 62% 증가했으며, 여행업은 -83%인 것으로 나타났다(CEPAL, 2020c: 2).

재택근무 가능 여부는 산업 부문의 구조, 일자리의 성격, 디지털 인프라의 구축 상황 및 질과 관련되어 있다. 따라서 유럽 국가들과 미국에서는 노동자의 40%가 재택근무가 가능하지만 아프리카 지역에서는 이 비율이 15% 이하이며, 중남미에서는 약 21%의 노동자만 재택근무가 가능한 것으로 전망되었다(CEPAL, 2020c: 6).

의료 부문에서는 ICT의 활용으로 인해 진료 형태에서 변화가 나타나고 있다. 따라서 ICT를 활용함으로써 의료서비스에 대한 접근성, 효율성 및 서비스 품질이 개선될 수 있으며, 특히 의료비용이 절감되고 코로나19에 대한 예방 역량이 강화될 것으로 전망되고 있다. 즉, 원격의료 서비스를 활용하면 지리적인 측면에서 의료서비스에 대한 접근성이 떨어지는 지역에 거주하는 환자나 거동이 어려운 환자, 기저질환을 가진 고령층 환자를 치료할 수 있다. 또한 코로나19 증상이 있는 환자가 병원으로 내원하는 가능성을 줄임으로써 의료 인력과 환자 간 직접적인 접촉을 막고 질병의 감염 가능성을 예방할 수 있다.

향후 의료 부문에서는 ICT의 활용에 대한 수요가 확대될 수 있으며, 이에 따라 원격의료 서비스 실행과 개인정보 보호를 위한 법 제정 움직임이 확대될 것으로 전망되고 있다.

〈표 3-1〉에서처럼, 중남미 국가들과 주요 국제기구는 코로나19에 대한 일반적인 정보와 증상, 자가진단과 관련된 정보를 공유하고 진단과 치료에서 신체적인 접촉을 최소화하면서 환자를 모니터링하기 위해 챗봇(Chatbot), 대시보드(dashbord), 웹사이트, 전화, 트윗, 앱 등의 다양한 플랫폼을 활용했다.

브라질, 칠레, 콜롬비아, 멕시코에서는 기업의 웹사이트와 전자상거

내용	정보 공유와 관련된 주요 플랫폼
코로나19에 대한 일반적인 정보 및 증상 관련	- 세계보건기구: 챗봇, 대시보드, 웹사이트 - 범미주보건기구: 웹사이트, 지도 - 우루과이: 전화 0800 1919 - 파라과이: 보건부 트윗 - 멕시코: COVID-19 앱 - 브라질: 지도 - 트리니다드토바고: 웹사이트
자가진단 지원	- 세계보건기구: 챗봇 - 범미주보건기구: 웹사이트 - 페루: COVID-19 coronavirus evaluation - 아르헨티나: 콜센터 0800-222-1002 - 우루과이: 챗봇
원격상담 및 환자 모니터링	- 브라질: Monitora Covid19 - 우루과이: Coronavirus UY - 과테말라: Online doctor app - 페루: 113 전화 - 볼리비아: Bolivia 코로나바이러스 앱 - 콜롬비아: CoronApp, 전화 192 - 코스타리카: 코로나19 앱

자료: PAHO(2020)를 바탕으로 필자 작성

래 건수가 증가했는데, 2020년 3~4월 이러한 웹사이트는 콜롬비아와 멕시코에서 800%, 브라질과 칠레에서 360% 증가했다(CEPAL, 2020c: 13). 또한 브라질과 멕시코에서 새로운 전자상거래를 위해 개설한 사이트의 수는 2019년에 비해 2020년 4월 450% 이상 증가했으며, 콜롬비아와 멕시코에서 활동 중인 사이트는 500% 증가했다(CEPAL, 2020c: 14). 이처럼 소매업 외에 식당과 음식 배달 서비스 부문의 웹사이트 증가도 두드러지게 나타나고 있다.

이처럼 다양한 산업 부문에서 ICT의 활용이 확대되는 가운데, ICT는 중남미의 불평등 상황에 영향을 미치고 있다. 즉, 2019년 중남미에서는 전체 인구 중 약 67%만 인터넷에 접속할 수 있는데, 이는 세 명 중 한 명이 디지털에 접근하지 못한다는 것을 의미한다. 또한 중남미 13개국에 대한 조사 결과, 소득분위와 관련해 소득이 높은 5분위 가정의 81%는 인터넷 접속이 가능하지만, 1분위와 2분위의 계층에서는 이러한 비율이 각각 38%와 53%인 것으로 나타났다. 지역별로는 도시의 경우 인터넷 접속 가능 비율이 67%인 반면, 농촌지역에서는 23%에 불과했다(CEPAL, 2020c: 2~3).

이처럼 도시와 농촌지역, 소득분위가 높은 계층과 낮은 계층, 원주민과 비원주민 등 지역 간, 계층 간, 인종 간에 ICT에 대한 접근성과 활용에서 불평등 상황이 발생하고 있으며, 이는 사회·경제 부문에서 전반적으로 나타나는 불평등과 격차를 확대하는 데 영향을 미치고 있다.

향후 교육, 비즈니스, 보건, 여가 등 다양한 산업 부문에서 디지털을 기반으로 하는 경제활동의 수요가 증가할 것으로 전망되고 있으나, 앞에서 언급했던 것처럼, ICT의 활용 문제는 생산, 산업, 경제, 사회의 구조적인 측면과 연관되어 있다. 즉, 노동시장의 높은 비공식성, 취약한 중간계층, 정부가 국민에게 제공하는 서비스의 전달구조 및 ICT와 관련된 인프라의 상황에 따라 이러한 다양한 산업 부문의 발전 및 활성화 정도가 달라질 수 있다.

따라서 중남미 정부는 디지털 격차를 완화하기 위해 광대역망 구축 등의 인프라 개선, 앱과 챗봇 같은 새로운 기술적 도구를 활용하기 위한 교육 프로그램 강화, 웹사이트나 앱 등에 대해 무료로 접속할 수 있는 서비스 지원 확대 등을 시행할 필요가 있다. 한편, ICT 활용 과정에서 나타나는 사이버 범죄와 개인정보 유출을 막고 개인정보를 보호하기 위해 법체계를 정비하는 것은 디지털 시대로 전환하는 데 반드시 필요한 과제 중 하나이다.

한국은 ICT 부문에서 비교우위를 지닌 국가로 평가되고 있으며 개발협력에서 공공행정 분야를 적극적으로 지원해 왔다. 따라서 교육, 보건 등 다른 지원 분야와의 연계성을 토대로 앞으로는 국제개발협력의 지원 영역을 더욱 확대할 수 있을 것이다.

2. 코로나19와 여성

중남미에서는 가정, 경제, 사회, 정치 영역에서의 여성의 취약성이 지속적으로 논의되어 왔다. 가정 내에서 일반적으로 여성은 가사와 돌봄노동 같은 무임금노동에 종사하는 시간이 남성보다 약 세 배 많은 것으로 나타나고 있다. 이러한 무임금노동으로 인해 여성은 경제활동 인구에 포함되지 않고 있으며 시간의 소비와 배분에서 불평등한 상황에 처해 있다. 이러한 상황은 '시간빈곤(time poverty)'이라는 용어로 표현되어 왔다.

최근 여성이 노동시장에 참여하는 비율이 높아지고 있으나 여전히 비공식 부문과 생산성이 낮은 분야의 일자리에 종사하는 비율이 높으며, 동일한 직종에 종사하는 남성에 비해 적은 임금을 받고 있어 경제적인 자주권 측면에서 취약하다.

정책 결정 과정에서 여성할당제 같은 법령을 제정함으로써 여성의 정치적 참여가 개선되어 왔으나 지역과 인종에 따라 격차가 발생하고 있다. 또한 여전히 청소년 임신율이 높고 여성가구주(Female-headed Household)가 지속적으로 증가하고 있다는 측면에서 여성들의 취약성이 부각되어 왔다. 또한 사회구조 체제, 가치관, 사고방식이 가부장적이라서 일터, 교육기관, 공공장소, 가정에서는 여성에 대한 육체적·심리적·성적 폭력이 지속적으로 발생하고 있으며, 이러한 상황은 '남성 우월주의', '남성다움'으로 표현되는 마치스모(Machismo)를 통해 정당화되는 경향이 이어져 왔다.

라틴아메리카와 카리브 지역 성평등 관측소(Observatorio de Igualdad de Género de América Latina y el Caribe)의 통계에 따르면, 2019년 중남미와 카리브 지역 18개국에서는 페미사이드(Femicide)[1]로 인해 4555명의 여성이 희생당한 것으로 알려지고 있다.

여성에 대한 차별적인 규범과 관행은 농촌, 원주민 여성, 아프리카계 여성, 이주 여성 같은 취약계층에 영향을 미치고 있는데, 특히 여성은 자녀의 출생등록, 사법체계에서의 권리, 정치 참여에서 아직도 제한을 받고 있다. 이처럼 중남미에서는 여성과 소녀에 대한 폭력이 계속되고 있으며, 1990년대 중반 이래 미성년자의 결혼 비율에서 의미 있는 감소가 이루어지지 않았다. 이러한 상황은 소득분위가 가장 낮은

---

1   페미사이드(Femicide)는 여성(female)과 살해(cide)의 합성어로, 여성 살해를 의미하는 용어이다.

계층에서 지속적으로 발생하고 있다(OECD, 2020a).

이러한 현실 상황을 개선하기 위해 중남미 국가들은 미성년자의 결혼을 방지하는 차원에서 최소 결혼연령을 18세로 제한하고 있고, 여성에 대한 폭력을 금지하고 있으며, 돌봄 경제를 국가 회계시스템에 포함하는 한편, 경제활동에서 여성의 참여를 제한하는 법적 장벽을 제거하고 있다. 이 외에도 남성과 여성에게 육아휴직을 허용하고 노동에 대해 동등한 가치를 인정하고 있으며 이에 따라 평등한 임금을 보장하기 위한 법적 체계를 구축하고 있다. 앞에서 설명했던 '할당제'와 '평등법' 등을 이러한 사례로 언급할 수 있다.

하지만 코로나19로 인해 여성의 취약성은 더욱 부각되고 있다. 코로나19로 인해 경제적인 측면 외에도 가정 내 돌봄노동의 증가, 여성에 대한 육체적·심리적·성적 폭력의 문제 등이 대두되었다.

우선 경제적인 측면에서 보면, 여성은 봉쇄정책으로 인해 더 많은 영향을 받는 비공식 부문, 생산성이 낮은 산업 부문, 서비스 분야와 가사도우미[2] 같은 돌봄노동에 종사하는 비율이 높다. 이러한 분야의 일자리는 재택근무로 대체하기 어려워서 봉쇄정책으로 인해 더 많은 영향을 받았다. 따라서 코로나19 동안 여성들은 일자리를 잃거나 근무시간 단축으로 임금이 감소되었고, 경제적인 자주권이 약화되었다. 특히 가사도우미와 같은 돌봄노동에 종사하는 여성들은 코로나19의 감염

---

2 2015년 라틴아메리카에서 경제활동을 하는 여성 중 11%가 가사도우미로 고용되어 있는데 이들 중 27%만 사회보장정책의 혜택을 받고 있다(CEPAL, 2019: 142).

에 더 많이 노출되었다.

코로나19 이전부터 여성은 가사와 돌봄노동으로 인해 시간빈곤 상황에 처해 있었으나 코로나19로 가족 구성원의 재택근무가 늘어나고 교육기관과 보육시설의 폐쇄로 인해 가족들이 집에 머무르는 시간이 길어짐에 따라 격리된 노인과 자녀 등 다른 가족 구성원을 돌봐야 하는 상황에서 일상적인 가사 일이 증가했으며 무임금 돌봄노동에 종사하는 부담이 늘어났다(OECD, 2020b: 11).

또한 중남미 국가들이 사회보호 조치의 일환으로 실행했던 CCT 프로그램은 가구단위로 지원되고 있다. CCT 프로그램은 복지카드와 같은 형태로 취약계층이 필수품과 기본식량에 접근할 수 있도록 조치했다. 이러한 프로그램을 실행하는 과정에서 여성은 정책의 대상인 동시에 주요한 행위주체가 되었다. 앞에서 언급했던 것처럼, 코로나19 상황에서 정부가 실행한 CCT 프로그램이 확대되면서 여성의 역할과 책임도 늘어나게 되었다. 이는 여성이 지원금의 소비나 관리 등 운영의 주체로 주도적으로 참여한다는 의미일 수도 있으나, 늘어난 CCT 프로그램으로 인해 시간빈곤의 상황이 악화된다는 의미일 수도 있다. 이로 인해 여성이 공식적인 노동시장에 참여할 수 있는 기회가 오히려 제한된다는 비판도 제기되었다(정상희, 2014).

이처럼 코로나19 이후 증가한 CCT 프로그램, 여성의 가사와 돌봄노동 증대, 이 외에 다른 경제활동으로 발생할 수 있는 '가중된 노동시간'으로 인해 여성의 시간빈곤에 대한 상황이 논의되었다.

앞에서 언급했던 것처럼, 장기간의 격리기간 동안 경제적으로 불확실성이 증가했으며 이에 따라 여성과 여아에 대한 가정 내 신체적·심리적·성적 폭력이 급증한 것으로 알려지고 있다. 그 결과 2020년 1~6월 동안 여성의 폭력과 관련해 발생한 긴급요청은 2019년과 비교할 때 약 46% 증가했다(CEPAL-UNICEF, 2020: 10). 이러한 상황에서 신고 사례가 오히려 줄어든 국가들도 있는데, 이는 실제로 폭력이 감소했다기보다 격리기간 동안 피해자가 자유롭게 신고할 수 없었거나 격리조치로 인해 오히려 자유로운 이동이 제한을 받으면서 나타난 현상으로 해석되고 있다(ONU Mujeres, 2020).

한편, 가정 내 여성에 대한 폭력의 문제 외에 기존의 의료 인력이 코로나19에 대응하기 위한 인력으로 전환되면서 발생한 문제도 있다. 의료 인력이 코로나19 대응 인력으로 전환됨에 따라 여성은 생식보건 및 개인적인 건강과 관련된 부문에서 영향을 받았다. 또한 코로나19에 직접적으로 대응하는 보건의료 부문의 인력에서 여성이 차지하는 비율은 73%에 이르고 있다(CEPAL, 2020a: 43).

따라서 몇몇 국가에서는 봉쇄정책 기간 동안 여성에게 가해진 추가적인 부담을 완화하기 위한 조치를 시행했다. 우루과이, 아르헨티나, 에콰도르, 멕시코에서는 돌봄노동과 이에 대한 책임을 공유하기 위해 소셜 네트워크를 통해서 인식개선 캠페인을 추진하기도 했다(OECD, 2020b: 13). 칠레, 콜롬비아, 우루과이에서는 사회적 거리두기 기간 동안 성폭력과 가정 폭력의 증가를 막기 위해 긴급전화를 운영하면서 신고를 장려했으며, 폭력에 대한 예방 조치를 알리기 위해 온라인을 통한 캠페인을 추진했다. 이 외에도 콜롬비아, 멕시코, 페루에서는 가정폭력의 피해자들을 위해 국가 차원에서 보호시설을 설치하거나 관련 분야의 예산을 확대했다. 칠레에서 '마스크19(Mascarrilla 19)'는 이러한 폭력으로부터 도움을 요청하는 여성을 식별하기 위한 단어로 사용되었다(OECD, 2020b: 13). 이는 위험에 처한 여성이 약국에서 '마스크19(Mascarrilla 19)'라는 단어를 제시함으로써 약사에게 자신의 비상상황을 알리고 도움을 요청하는 수단으로 사용되었으며, 스페인, 아르헨티나 같은 국가에서는 이런 사례가 이미 성공적으로 시행되었다.

아르헨티나는 코로나19로 인한 의무적인 격리조치에서 폭력 상황에 처한 여성과 성소수자는 예외로 인정했다. 멕시코는 여성이 당하는 폭력에 대한 대응을 전국적으로 이루어져야 하는 필수적인 서비스로 선언했으며, 에콰도르는 코로나19로 인한 비상상황에서 성폭력과 가정폭력에 대응하기 위한 가이드라인을 만들었다. 콜롬비아는 피해 여성들에 대한 법적·심리적 지원이 원격으로 이루어질 수 있도록 조치했다(ONU Mujeres, 2020).

한편 유엔인구기금(United Nations Population Fund: UNFPA), 유니세프, 멕시코 정부와 호텔업계는 호텔이 안전하고 자유롭게 숙박할 수 있는 대피소로서의 역할을 담당하도록 조치를 취했다(CEPAL-UNICEF, 2020: 10).

이처럼 코로나19로 실행된 사회적 거리두기와 봉쇄정책으로 인해 여성의 경제적 취약성, 돌봄노동의 강도, 육체적·심리적·성적 폭력은 심화되었고, 이는 공공문제로 바뀌었다. 특히 여성단체에서는 돌봄노동에 대한 사회적 인식의 변화를 요구하고 있으며 여성에게 주어지는

<사진 1> 수공업품을 만들고 있는 과테말라 여성들

<사진 2> 제과기술을 배우고 있는 과테말라 여성들

무임금 돌봄노동의 부담을 완화해야 한다고 강조하고 있다. 여성에 대한 폭력을 고발하기 위해 전화, 메시지 전송, 소셜 네트워크 등 새로운 기술적 도구의 활용도 확대되고 있다.

3. 코로나19와 환경

중남미 지역은 온실가스 배출량에서 아직까지 큰 비중을 차지하지 않고 있다. 그러나 2016년 온실가스 배출량이 전체의 약 8.3%를 차지하는데도 숲과 생물의 다양성, 지리, 기후, 경제사회, 인구의 구조적 측면에서는 기후변화에 대응하기 위한 역량이 취약한 상황이다(Bárcena et al., 2020: 52). 따라서 2050년까지 기후변화로 인해 중남미 지역의 경제적 비용은 국내총생산(GDP)의 1.5%에서 5%까지 증가할 것으로 전망되고 있다(Bárcena et al., 2020: 63).

〈표 3-2〉에서 보는 것처럼, 농업 부문에서 식량의 질과 생산성이 감소하고 있으며, 이는 소득 감소와 식량 가격 상승으로 이어지고 있다. 한편 어떤 지역에서는 극심한 강우로 인해 홍수가 발생하고 다른 지역에서는 가뭄이 발생할 수도 있다. 또한 산림이 감소함에 따라 생물의 다양성과 생태계가 파괴되고 있다.

보건 분야에서는 기후변화로 인해 말라리아, 뎅기열, 설사, 호흡기 질환, 천식, 폐렴, 콜레라 같은 질병이 확산되고 있다. 극단적인 기후변화로 인해 해수면이 상승하면 침입종이 출현할 수 있다. 또한 인프라가 손실될 수도 있는데, 이는 많은 중남미 국가의 주요 산업 분야인 관광업에 피해를 발생시킬 것이다. 이처럼 기후변화는 환경적·경제적 측면에 피해를 줄 뿐만 아니라 보건과 사회 영역에서도 취약계층의 건강, 생계, 소득불균형 상황에 영향을 미치고 있다.

세계은행의 통계에 따르면, 중남미 국가들의 GDP에서 농업이 차지

〈표 3-2〉 중남미 지역의 기후변화로 인한 위험 요인

	위험 요인	기후 요인
농업	- 식량의 질과 생산성 감소 - 소득 감소 - 식량가격 상승	- 극단적인 기온 상승 - 불규칙적인 강수 - CO_2 농도 증가로 인한 토양 산성도 증가
물	- 반건조 지역에서 물의 가용성 부족, 해빙에 의존 - 극심한 강우와 관련해 농촌 및 도시지역의 홍수	- 기온 상승, 강수량, 적설, 가뭄의 증가
생물의 다양성 및 산림	- 산림 파괴, 산호초 표백현상, 생물의 다양성 및 생태계 파괴	- 산림 파괴, CO_2 농도 증가로 인한 토양 산성도 증가, 기온 상승, 해양 산성화
보건	- 질병 확산	- 기온과 강우 증가
관광	- 인프라 손실, 해수면 상승, 침입종 출현, - 해안가의 극단적인 기후변화 현상	- 해수면 상승, 극심한 기온, 극단적인 홍수와 가뭄
빈곤	- 취약계층의 소득 감소(농업 부문), 소득의 불평등 증가	- 기온 상승, 가뭄, 불규칙한 강수량

자료: Bárcena et al.(2020: 71)

하는 비중은 감소하고 있다. GDP에서 농업의 비중은 1980년 10%를 차지했으나 2017년 4.7%에 이르고 있으며 농업 부문에서의 고용 인구는 1992년 19%에서 2017년 14%로 감소했다. 반면 농업은 수출에서 29%를 차지하며, 농촌에 거주하는 인구비율은 20%에 이른다(Bárcena et al., 2020: 71-72). 이처럼 최근 전체적인 산업 부문에서 농업이 차지하는 비중은 줄어들고 있으나 수출, 고용, 농촌에 거주하는 인구의 비중은 아직까지 높은 편이다. 이는 농업이 식량 안보, 경제적인 역동성과 빈곤 감소에서 여전히 주요한 역할을 하고 있다는 것을 의미한다. 특히 농업 부문은 기후변화에 민감하며 취약계층이 농촌지역에 집중되어 있으므로 이러한 측면을 고려한다면 기후변화에 대응하기 위한 정책적 고려가 필요할 것이다.

특히 카리브 국가들은 기후변화와 허리케인 같은 자연재해에 취약하다. 이 지역은 관광업이 주요한 산업 분야로서 외부의 환경적인 요소로부터 영향을 받고 있으며, 경제적으로 취약한 국가들이 위치해 있다. 2007년 전 세계를 강타한 금융위기로 인한 피해를 극복해 나가던 중 급습한 코로나19로 인해서 이 지역은 또 다시 많은 피해를 입었다(CEPAL, 2020b).

코로나19가 발생하던 초기, 항공과 차량의 운행 및 에너지 소비가 급격하게 감소하자 전 세계적인 차원에서 CO_2의 배출량이 사상 최대 폭으로 감소했는데, 이는 대기질에 긍정적인 영향을 미쳤다.

BBC에 따르면, 글로벌 수준에서 2020년 3월까지 육상교통의 평균 운행은 2019년 같은 기간과 비교할 때 약 50% 감소했다(BBC, 2020.5.11). 항공 운행도 급감했다. 유럽에서는 2019년과 비교해 약 90%의 항공편이 취소되었고 미국에서도 약 50%의 항공기가 운행을 중단했다. 미국항공우주국(NASA)의 위성은 2020년 2월 이후 이탈리아, 중국, 미국 등 코로나19로 인해 많은 영향을 받은 국가들의 일부 지역에서 이산화질소 배출량이 20~30% 감소한 것을 탐지했다. 이처럼 코로나19가 지속되는 동안 산업, 상업, 운송, 소비와 관련된 주요한 경제활동과 사람의 이동이 급감했다. 이에 따라 전 세계의 이산화탄소 배출량이 감소될 것으로 전망되었다.

이처럼 대기질은 일시적으로 개선되었으나 의료폐기물과 쓰레기는 증가하고 있다. 따라서 이산화탄소의 배출량이 줄어든 일시적인 현상이 장기적인 관점에서 기후변화를 완화하는 데 기여하기는 어려울 것

〈사진 3〉 중남미 자연환경 전경: 과테말라

으로 예측된다.

코로나19가 종식되고 경제활동이 재개되면 이산화탄소의 배출량은 더욱 증가할 것이다. 또한 현재 진행되고 있는 생물의 다양성 파괴는 새로운 바이러스의 출현과 이에 따른 전염병 확산의 위험성을 높이고 있다. 따라서 중남미 국가 차원에서는 기후변화를 완화하기 위해 장기적인 관점의 개선 방안이 요구되고 있으며, 재생에너지 사용, 에너지 효율성 제고, 저탄소 운송수단 활용 확대 등 저탄소 경제로 이행하기 위한 국가 간 연대와 협력도 필요한 상황이다. 또한 코로나19로 인해 자본주의 체제의 구조적인 문제인 과도한 소비 및 생산모델이 변화해야 한다는 인식도 더욱 확산되고 있다.

중남미 국가들은 코로나19에 대응하기 위한 방역정책과 발전을 지속하기 위한 경제정책을 동시에 실행해야 하는 딜레마 상황에 처했다. 이는 전 세계 다른 국가도 동일하게 처한 과제이지만 중남미 국가는 특히 비공식 부문의 비율이 높고 취약계층이 광범위하며 소득불균형이 심각한 등 사회구조적 차원의 모순상황에 처해 있으므로 방역과 경제정책 사이에서 발생할 수 있는 갈등이 더욱 심각한 문제로 부각될 수 있다. 또한 경제적인 불확실성으로 인해 기업들의 투자 활동이 위축되고 이로 인해 원자재 가격이 하락세를 보이고 있다. 이러한 상황에서는 저탄소와 에너지 효율에 기술 투자를 하려는 정부와 기업의 동기가 약화될 수 있다. 이처럼 코로나19는 환경문제의 중요성을 인식시키는 요인이었으나 동시에 환경문제가 심화될 수 있는 가능성과 우려에 대한 논의 또한 확대시켰다(OECD, 2020c: 10).

4. 코로나19와 도시

세계은행의 통계에 따르면, 2019년 약 56%의 인구는 도시에 거주하고 있으며 중남미 도시의 인구 비율은 81%에 이르고 있다. 중남미는 단기간에 급속한 산업화 과정을 경험했으며 농민들은 독립 이후 농촌지역의 토지개혁 실패로 농촌이 빈곤한 상황에 처하자 일자리를 찾아도시로 이주했다. 이러한 상황에서 과도한 인구가 도시로 집중되었고일반적으로 인구 1000만 명 도시로 불리는 '거대도시(Mega City)'가 형성되었다.

역사적으로 중남미의 도시는 식민시대 유럽의 정복자들에 의해 건설되었다. 따라서 식민시대 때부터 도시는 식민 통치의 수단으로서 정치적·행정적 중심지로 형성되었다. 동시에 지배층과 부유층, 피지배층과 빈곤층으로 대별되는 사회적 이중성을 반영하는 상징적인 공간이었다. 식민시대 때부터 생겨나기 시작한 중남미의 도시 문제는 현재까지 지속되고 있다.

특히 2018년 기준 도시인구의 약 21%는 식수, 위생, 안전한 이동, 의료서비스 등을 포괄하는 기초사회서비스에 대한 접근성이 떨어지는 슬럼화된 지역에 거주하고 있다. 이러한 도시환경의 구조적인 요인은 코로나19와 같은 전염성 질병이 확산되는 데 영향을 미치고 있으며, 실제로 코로나19는 중남미의 대도시를 중심으로 확산되었다.

이 외에도 도시는 일반적으로 농촌에 비해 인구밀도가 높고 사람 간 접촉의 빈도가 높으며 사회적 거리두기와 같은 봉쇄정책을 실행하기가 어렵다. 또한 국가를 초월해서 무역과 국제이동의 중심지로서의 역할을 담당한다는 측면에서 코로나바이러스와 같은 전염성 질병이 증폭될 수 있는 공간이기도 하다. 물론 인구밀도 자체보다 도시의 구조, 불평등 상황, 위생 상태, 부적절한 주거지, 기초사회서비스에 대한 접근성 등 경제적·사회적 조건이 코로나19의 확산에 더 많은 영향을 미친다는 연구 결과도 있다(OECD, 2020c: 15~16).

코로나19는 특히 관광업에 대한 의존도가 높은 도시들과 브라질의 파벨라(Favela)[3] 같은 도시 내 빈곤층이 거주하는 슬럼가를 중심으로 더 많은 영향을 미쳤다. 실례로 콜롬비아 수도 보고타의 경우 두 달 동

<표 3-3> 중남미 주요 도시의 인구

국가명	도시	인구(100만 명)	총인구에서 차지하는 비율(%)
브라질	상파울로	21.2	10.4
멕시코	멕시코시티	19.9	19.1
아르헨티나	부에노스아이레스	12.9	31.8
브라질	리우데자네이루	12.5	6.1
콜롬비아	보고타	9.8	15.7
페루	리마	9	30.4
칠레	산티아고	5.7	41.1
베네수엘라	카라카스	3.2	13.4
볼리비아	라파스	2.8	18.4

자료: Samaniego and Jordán(Compiladores)(2013)

안의 봉쇄정책으로 인해 GDP가 4% 감소했으며 실업률은 18%에 이르렀다. 이는 보고타의 GDP가 호텔, 식당, 관광업에 대한 의존도가 높기 때문이다(OECD, 2020c: 7).

또한 코로나19는 일일 소득을 기반으로 생계를 이어가는 취약계층에 많은 영향을 미쳤다. 이들은 주로 상업, 교통, 식당, 숙박 같은 서비스 업종에 종사했다. 이러한 일자리는 구조적으로 재택근무를 하기가 어려우므로 사회적 거리두기와 봉쇄정책은 이들의 생계에 직접적인 영향을 미쳤다. 한편, 대기오염의 수준이 높은 도시의 환경적인 측면을 고려한다면, 코로나19는 천식, 만성기관지염 같은 호흡기 질환자와 기저 질환자에게도 영향을 미치고 있다.

이처럼 코로나19로 인해 도시의 설계, 이동을 위한 교통수단, 인구

---

3   포르투갈어로 '빈민촌'이라는 뜻으로, 브라질의 도시 빈민가를 통칭하는 용어이다.

밀도, 정부와 민간의 협력 거버넌스 체계를 개선하기 위한 노력이 시도되었고, 이를 통해 사회통합을 달성하고 생산성을 높이며 환경적인 피해를 최소화함으로써 지속 가능한 도시 및 포용적인 도시를 만들기 위한 논의가 진행되었다. 또한 공공서비스를 제공하기 위해 디지털 도구의 활용이 가속화되었다.

따라서 코로나19 이후 중남미 도시들에서는 다양한 정책이 추진되었다. 브라질 리우데자네이루에서는 대중교통의 이동 인구를 분산하기 위해 부문별 근무시간을 다르게 조정했다. 따라서 산업 부문은 오전 6시에 첫 번째 교대를 시작했고, 무역 부문은 8시에, 서비스 부문은 10시에 근무를 시작했다. 공공 부문의 경우 동일한 원칙을 적용하되 재택근무를 실시하기도 했다(OECD, 2020c: 45). 페루의 리마에서는 취약계층을 대상으로 식수를 공급하거나 쓰레기를 수거했다. 노년층을 위해서는 온라인으로 자원봉사자를 모집하고 코로나19의 예방법과 의료 및 심리 상담과 관련된 정보를 제공할 수 있는 전화선을 개설했다(OECD, 2020d). 또한 여성에 대한 육체적·성적·심리적 폭력이 증가함에 따라 이러한 형태의 폭력에 대해 법률 상담 또는 심리 상담을 실시했다. 특히 강제 격리 기간 동안 여성과 아동 보호에 대한 인식을 확산시켰으며 사용 가능한 전화선을 확대했다(OECD, 2020c: 60). 아르헨티나의 부에노스아이레스에서는 70세 이상의 노년층을 지원하기 위해 시민들이 자발적인 네트워크를 구축했는데, 매일 전화를 걸어 노년층을 지원했으며, 음식과 의약품 구매를 도와주거나 애완동물의 산책 등을 지원했다(OECD, 2020c: 58).

앞에서 언급했던 것처럼, 도시 여성들은 임금이 낮고 불안정한 직업 또는 봉쇄정책으로 더 많은 영향을 받는 서비스 부문에 종사하는 비율이 높으며, 사회복지사, 의료종사자, 약사, 청소인력 등 코로나19에 직접 대응하기 위한 일자리에 종사하는 비율이 높다. 따라서 코로나19의 확산은 이들의 경제적인 취약성에 영향을 미쳤다. 이러한 상황에서 콜롬비아 보고타에서는 고용수준을 유지하고 중소기업을 지원하며 디지털을 활용한 무역과 온라인 교육을 활성화하기 위한 계획이 수립되었다. 또한 노동시장에서의 재택근무를 활성화하고 녹색일자리를 확대하기 위해 도시와 근교의 농업 활동을 촉진했다. 또한 교통량을 줄이기 위해 1970년대 이후부터 적극적으로 추진해 왔던 자전거 도로의 추가적인 확충 계획도 발표했다(OECD, 2020c). 이 외에도 마스크, 손소독제 같은 위생용품의 구매를 위해 공공-민간 파트너십을 구축했다.

멕시코시티는 코로나19 이후 경제회복 계획을 발표했는데, 이 계획에는 공공인프라와 주택을 포함한 건설 부문에서 약 100만 개의 새로운 일자리를 창출하기 위한 투자계획이 포함되어 있었다(OECD, 2020c: 71). 또한 코로나19의 확진자 수과 사망자 수에 대한 통계를 실시간으로 제공하는 웹사이트를 운영했다. 이 외에도 중소기업을 위한 지원 프로그램에 대한 정보 및 실업보험처럼 사회적·경제적 문제에 대처하기 위해 정부에서 추진하고 있는 정책에 대한 정보를 제공하고 있다.

아르헨티나 부에노스아이레스 정부는 취약한 아동을 대상으로 급식을 제공하기 위해 학교를 개방하고 코로나19와 관련된 예방법과 권고사항을 전달하기 위해 디지털 플랫폼을 구축하는 한편, 지하철의 일부 역만 개방하고 단거리 이동의 경우 도보와 자전거를 활용할 것을 권고했다(OECD, 2020c: 78~79). 또한 교육 부문에서 가상플랫폼을 통해 학부모가 자녀를 지원할 수 있도록 조치했다. 보건소와 병원에서는 온라인 의료상담을 활용했으며 왓츠앱(WhatsApp) 챗봇 서비스를 제공했다.

페루의 리마에서는 도시공원을 폐쇄하고 콘서트, 스포츠 등 다양한 문화행사를 취소했다. 또한 코로나19에 대한 예방, 대응조치 수립 및 개발과 관련해 재난위험 관리를 위한 실무팀을 구성했으며, 다른 지방정부와의 협력을 위한 통합적인 전략체계를 구축했다. 도심의 쓰레기 수거, 위생, 대중교통도 관리했는데, 특히 취약한 계층을 대상으로 식수를 제공했으며 시민단체 및 자원봉사자들과 협력해 식품을 포함한 기본적인 필수품을 지원했다. 또한 노년층을 위해 온라인으로 자원봉사자가 등록할 수 있도록 했으며, 코로나19의 예방 조치, 의료와 심리상담에 관한 정보를 제공하기 위해 전화선을 구축했다. 이 외에도 강제 격리 기간 동안 폭력으로부터 피해를 당한 여성을 위해 쉼터를 제공했으며, 가상플랫폼을 통해 시민들을 대상으로 다양한 교육 프로그램을 제공했다(OECD, 2020c).

앞에서 언급했던 것처럼 브라질 리우데자네이루 시정부는 2020년 3월 13일 코로나19 확산 방지를 위한 조치를 발표했다. 공공 교통수단의 혼잡을 피하기 위해 산업 부문별 교대 근무와 재택근무를 허용했을 뿐만 아니라 학교와 문화 활동을 중단했으며, 천식, 폐렴, 암에 걸린 만성질환자들이 집에 머물 수 있도록 조치했다.

〈사진 4〉중남미 도시 전경: 콜롬비아 보고타

〈사진 5〉중남미 도시 전경: 멕시코 멕시코시티

이와 같이 코로나19 이후 중남미 국가들은 도시정책에서 취약계층의 경제적인 자주권을 보호하고 대중교통을 통해 안전하게 이동하며 에너지를 효율적으로 활용하는 데 중점을 두었다. 또한 경제적 부흥과 환경적 지속가능성을 조화시키기 위해 투자를 실시함으로써 코로나19 이후의 삶을 준비하고 있다. 특히 보건 부문, 역학조사와 같은 방역 정책에서뿐만 아니라 교육과 경제 분야에서도 디지털의 활용이 중요한 수단으로 등장했다. 앞으로는 사회적 서비스를 제공하는 다양한 영역에서 디지털의 활용이 가속화될 전망이다.

5. 코로나19와 교육

코로나19는 교육 시스템과 가정, 지역사회, 학생, 교사, 학부모 등 모든 이해관계자에게 영향을 미쳤다. 대면 수업이 중단되는 상황에서 각 국가들은 교육과정을 계속 운영하고 교육과정의 연속성을 유지하기 위해 학교 일정과 교육 일수를 조정했다. 이를 토대로 교육의 내용이 변화했다.

유네스코에 따르면, 코로나19의 확산을 막기 위해 교육기관이 폐쇄되었다. 이로 인해 유치원부터 고등교육기관까지 1억 6500만 명 이상의 학생들이 수업에 참여하지 못했다(Álvarez Marinelli et al., 2020: 3). 이처럼 교육기관의 장기적인 폐쇄는 교육과정, 학생들의 학업 성취율 및 중도 탈락률뿐만 아니라 취약계층 아동의 급식과 영양 상태에도 영

교육 방식	국가 수
온라인 학습	26개국
오프라인 학습	24개국
텔레비전, 라디오를 통한 교육 프로그램 방송	23개국
온라인 원격학습 플랫폼	18개국
교사를 위한 교육 프로그램 제공	15개국
기술적인 장비 제공	8개국
실시간 온라인 수업	4개국

자료: ECLAC-UNESCO(2020)

향을 미쳤다. 따라서 교육과정 운영은 중단되었으나 학교는 취약아동에 대해 급식을 제공하기 위한 목적으로 운영되었는데, 밀키트, 급식, 현금지원, 음식 바우처 등의 형태로 지원이 제공되었다.

ECLAC-UNESCO(2020)에 따르면, 중남미 국가들은 온라인과 오프라인을 통해 교육을 제공했다(〈표 3-4〉 참조). 교육과정에 따라 웹사이트에서 디지털 자료를 다운로드하는 방식이 활용되었는데, 코스타리카, 엘살바도르, 과테말라, 온두라스, 자메이카, 페루 등은 이러한 다양한 교육 콘텐츠를 가정에서 다운로드해서 집에서 활용할 수 있는 웹사이트를 구축한 국가들이다(Álvarez Marinelli et al., 2020: 7).

아르헨티나, 벨리즈, 브라질, 칠레, 콜롬비아, 코스타리카, 에콰도르, 과테말라, 아이티, 온두라스, 멕시코, 파나마, 페루, 도미니카공화국 등에서는 가정 내에서 인터넷에 대한 접근성이 떨어지기 때문에 라디오, 텔레비전 같은 전통적인 미디어 도구를 통해 교육이 제공되었다(Álvarez Marinelli et al., 2020: 8). 또한 바하마, 코스타리카, 에콰도르, 파나마에서는 실시간 온라인 수업이 이루어졌다.

아르헨티나, 칠레, 콜롬비아, 엘살바도르, 페루, 우루과이 등은 원격교육을 위한 기술적인 장비를 제공했다. 우루과이는 원격학습을 위해 학생들에게 노트북 또는 태블릿 PC를 제공했으며 교사들에게는 정보통신기술의 활용을 위한 교육 프로그램을 제공했다. 아르헨티나, 칠레, 멕시코, 페루는 교육 자료를 인쇄해 취약 계층에게 전달했다.

이처럼 코로나19는 교육의 형태와 과정에서 전반적인 변화를 가져왔으며, 이는 경제적·사회적 측면에서 국가와 계층 간 격차를 확대하는 요인이 되었다. 즉, 원격교육이 가능한지 여부는 국가와 지역, 계층에 따라 다를 뿐 아니라 원격교육을 받을 수 있는 컴퓨터와 인터넷 등의 인프라를 보유했는지 여부에 따라서도 달라진다. 이러한 이유로 원격교육은 저소득층에 부정적인 영향을 미쳤다.

ECLAC-UNESCO(2020)에 따르면, 2018년 가정에서 디지털 장치를 사용하는 15세 학생의 비율과 관련해 OECD 국가에서는 컴퓨터에 대한 접근성이 82%, 인터넷이 92%, 교육 소프트웨어가 54%의 비율을 보이고 있으나, 중남미 지역에서는 이러한 비율이 각각 61%, 79%, 30%로 나타나고 있다. OECD 국가와 중남미 국가 간에서뿐만 아니라 중남미 지역 내에서도 국가별 격차가 발생하고 있는데, 칠레에서 이러한 비율은 각각 82%, 88%, 43%이지만 페루에서는 53%, 57%, 28%로 나타나고 있다.

한편 국가별로 격차가 나타날 뿐만 아니라 소득분위가 높은 가정과 그렇지 않은 가정에서도 디지털 기기와 인터넷에 대한 접근성에서 격

〈표 3-5〉 가정에서 디지털 기기를 사용할 수 있는 15세 학생의 비율(2018년)(단위: %)

국가	1분위					4분위				
	컴퓨터	노트북	태블릿	가정에서 인터넷 접속	인터넷이 가능한 휴대폰	컴퓨터	노트북	태블릿	가정에서 인터넷 접속	인터넷이 가능한 휴대폰
브라질	20	18	12	67	74	57	73	42	95	94
칠레	28	53	18	78	79	53	86	46	98	97
코스타리카	22	37	12	62	75	59	83	51	97	96
멕시코	11	13	13	30	51	66	78	78	95	95
파나마	14	15	20	29	63	53	78	53	95	95
도미니카공화국	20	11	20	54	60	61	57	56	93	89
우루과이	28	46	19	67	81	72	82	47	96	96

자료: ECLAC-UNESCO(2020)

차가 나타나고 있다(〈표 3-5〉 참조). 이처럼 소득의 분위에 따라 교육의 접근성뿐 아니라 교육의 질에서도 다양한 격차가 나타나고 있다. 디지털 기기와 인터넷에 대한 접근성 외에 가구의 경제적 상황, 학생의 개인적 역량, 부모의 교육 수준, 가정 내 가족 구성원의 수 등도 교육의 환경적 측면에서 고려해야 할 요인이 되고 있다.

결국 코로나19로 발생한 교육과정 및 운영 형태의 변화는 코로나19 이전부터 지속적으로 논의되었던 중남미의 경제적·사회적 격차에 영향을 미치고 있다. 칠레, 엘살바도르, 과테말라, 파나마, 페루에서는 학생들이 가정에서 학습하는 데 필요한 교재를 개발해 인터넷의 접속이 어려운 농촌지역에 배분하기도 했다(Álvarez Marinelli et al., 2020: 22).

이와 같이 중남미 국가들에서는 지역 간, 계층 간, 인종 간 디지털 격차를 해소하기 위해 원격학습 플랫폼과 관련된 인프라를 구축하고 이

〈사진 6〉 과테말라 굿네이버스가 지원하는 공공도서관

〈사진 7〉 과테말라 굿네이버스가 지원하는 여성직업훈련원

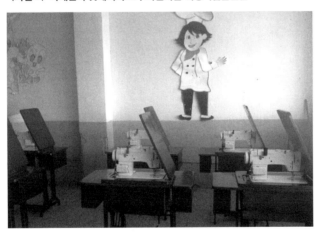

를 기반으로 교육 프로그램을 제공할 필요성이 대두되었다. 또한 교사들에게 관련된 교육 프로그램을 제공함으로써 교사들의 디지털 역량을 강화할 필요성이 논의되었다. 이와 더불어 아동과 청소년이 온라인에서 많은 시간을 보낼 때 발생할 수 있는 위험을 줄이고 이와 관련된 교육을 학생들에게 제공할 필요성도 제기되었다.

한편 ECLAC-UNESCO(2020)에 따르면, 중남미 지역의 교육기관에서 여성 교원이 차지하는 비율은 유치원 95.5%, 초등교육 78.2%, 중등교육 57.8%이다. 코로나19 발생 이후 여성 교원들은 수업과는 별도로 행정업무와 온라인 원격교육을 기반으로 하는 새로운 교육과정에 적응하기 위해 교수법도 학습해야 하는 필요성에 직면했다. 따라서 여성 교원들은 새로운 교육환경으로 인해 노동이 가중되었을 뿐만 아니라, 가정 내에서도 무임금 가사와 돌봄노동에 더 많은 시간을 할애하게 되었다. 이로 인해 시간빈곤 상황이 심화된 측면도 있다.

이처럼 코로나19는 중남미 국가들의 교육 시스템에 전반적으로 영향을 미쳤다. 코로나19 이전부터 지역 간, 인종 간, 계층 간 격차와 교육의 질을 개선할 필요성이 대두되어 왔는데, 특히 취약계층을 중심으로 이러한 논의가 확대되고 있다.

참고문헌

정상희. 2014. 「젠더적인 관점에서 바라본 과테말라 여성빈곤 실태연구」. ≪젠더와 문화≫, 7호 (2), 41~71쪽.

Álvarez Marinelli, Horacio et al. 2020. *La educación en tiempos del coronavirus: Los sistemas educativos de América Latina y el Caribe ante COVID-19*. Banco Interamericano de desarrollo.

Bárcena, Alicia et al. 2020. *La emergencia del cambio climático en América Latina y el Caribe ¿Seguimos esperando la catástrofe o pasamos a la acción?*. Santiago: Naciones Unidas.

BBC. "Coronavirus y cambio climático: por qué la pandemia no es realmente tan buena para el medio ambiente." 2020. 05. 11. https://www.bbc.com/mundo/noticias-52596472

CEPAL. 2019. *Informe de avance cuatrienal sobre el progreso y los desafíos regionales de la Agenda 2030 para el Desarrollo Sostenible en América Latina y el Caribe*. Santiago de Chile: Naciones Unidas.

_____. 2020a. *La Agenda 2030 para el Desarrollo Sostenible en el nuevo contexto mundial y regional, Escenarios y proyecciones en la presente crisis*. Santiago de Chile: Naciones Unidas.

_____. 2020b. *Pactos políticos y sociales para la igualdad y el desarrollo sostenible en América Latina y el Caribe en la recuperación pos-COVID-19, No. 8 Informe Especial COVID-19*. Santiago de Chile: Naciones Unidas.

_____. 2020c. *Universalizar el acceso a las tecnologías digitales para enfrentar los efectos del COVID-19, No. 7 Informe Especial COVID-19*. Santiago de Chile: Naciones Unidas.

CEPAL-UNICEF. 2020. "Violencia contra niñas, niños y adolescentes en tiempos de COVID-19." *Informe COVID-19, CEPAL-UNICEF-Oficina de la Representante Especial del Secretario General sobre la Violencia contra los Niños*.

ECLAC-UNESCO. 2020. "Education in the time of COVID-19." https://repositorio.cepal.org/bitstream/handle/11362/45905/1/S2000509_en.pdf(검색일: 2020. 9.22).

OECD. 2020a. *SIGI 2020 Regional Report for Latin America and the Caribbean. Social Institutions and Gender Index*. Paris: OECD Publishing, https://doi.org/10.1787/cb7d45d1-en.

_____. 2020b. *COVID-19 en América Latina y el Caribe: Panorama de las respuestas* de los gobiernos a la crisis.

_____. 2020c. *Cities Policy Responses.* https://www.oecd.org/coronavirus/policy -responses/cities-policy-responses-fd1053ff/

ONU Mujeres. 2020. *Prevención de la violencia contra las mujeres frente a COVID-19 en América Latina y el Caribe.* https://lac.unwomen.org/ es/digiteca/publicaciones/2020/04/prevencion-de-la-violencia-contra -las-mujeres-frente-a-covid-19(검색일: 2021.3.30).

PAHO. 2020. *The potential of frequently used information technologies during the pandemic.*

Samaniego, Joseluis Samaniego and Jordán, Ricardo(Compiladores). 2013. *Estrategias de desarrollo bajo en carbono en megaciudades de América Latina.* Santiago: CEPAL.

제4장

국제사회의 대중남미 정책 방향

    2021년 현재 총 29개의 공여국이 경제협력개발기구(OECD)의 주요 공여국 회의체인 개발원조위원회(DAC)의 회원국으로서, 개발도상국의 발전을 위한 공적개발원조(ODA)를 제공하고 있다. OECD DAC가 2020년에 발표한 보고서에 따르면 이 공여국들은 낮은 수준이긴 하지만 ODA의 양적 규모를 지속적으로 확대하고 있다는 것을 알 수 있다(OECD, 2020). 그러나 이러한 경향은 2019년부터 시작된 코로나19로 인해 내용적인 측면에서 큰 변화를 맞았다.

    코로나19로 인해 전 세계는 질병이 경제, 사회 영역에 광범위하게 영향을 미친다는 사실을 확인하는 것을 넘어서, 개발도상국뿐 아니라 공여국에서의 의료체계 및 사회적 보호 조치에도 중요하다는 것을 재차 인식하게 되었다. 이에 따라 공여국들이 개발도상국에 ODA를 지

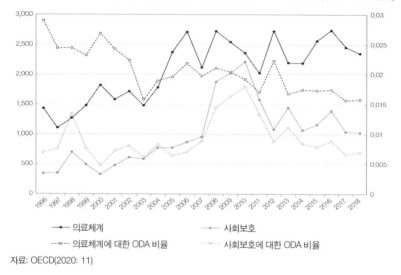

〈그림 4-1〉 1996~2018년 의료체계 및 사회보호 분야에 대한 ODA 지원 동향(단위: 100만 달러)

범례:
─●─ 의료체계   ─●─ 사회보호
--○-- 의료체계에 대한 ODA 비율   --○-- 사회보호에 대한 ODA 비율

자료: OECD(2020: 11)

원할 때 의료체계 및 사회보호 분야에 대한 지원을 집중하고 확대해야 할 필요성이 대두되었다. 예를 들어, 〈그림 4-1〉이 보여주는 것과 같이 그동안 의료체계에 대한 ODA 지원 비율은 지속적으로 감소해 왔다. 이러한 변화는 사회보호 분야에서도 크게 다르지 않았다. 그러나 2019년을 기준으로 향후 일정 기간 동안 각 공여국은 개발도상국의 의료체계 및 사회보호 분야에 대한 지원에 더 많은 관심을 갖게 될 것으로 예상되고 있다. 또한 공여국의 ODA는 개발도상국 내 코로나19로 인한 직간접적인 피해를 극복하는 부분에 집중될 것이다.

코로나19와 관련된 공여국의 대개발도상국 지원 경향은 중남미 개발도상국에서도 크게 다르지 않을 것으로 보인다. 중남미 지역은 코로나19의 영향을 가장 크게 받은 지역 중 하나이다. UN 중남미카리브경제

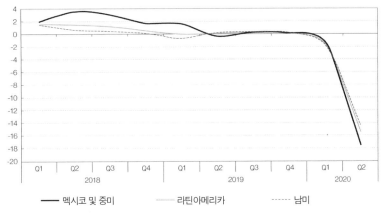

〈그림 4-2〉 2018~2020년 중남미 지역 GDP 성장률(단위: %)

자료: ECLAC(2021: 55)

위원회(Economic Commission for Latin America and the Caribbean: ECLAC)
에 따르면 중남미 지역의 경제는 코로나19로 인해 지난 120년간 GDP
평균 중 최악의 감소치를 보이고 있으며, ECLAC는 이러한 현상이 당분
간 지속될 것으로 전망하고 있다(ECLAC, 2021). 〈그림 4-2〉에 나타나듯
이, 코로나19가 시작된 2019년을 기준으로 중남미 지역의 2020년 GDP
성장률이 급격하게 감소하는 추세임을 명확하게 확인할 수 있다.

이에 따라 중남미 지역에 대한 공여국의 의료체계 지원뿐 아니라 경
제적 지원 조치도 향후 더욱 요구될 것으로 보인다. 또한 이 지역의 경
제적 피해는 식량부족 현상과도 직접적으로 연관되어 있으므로 이와
관련된 지원도 증가할 것으로 예상되고 있다. 예를 들어, 과테말라, 온
두라스, 엘살바도르와 같은 국가는 코로나19로 인해 이미 식량 안보
위기의 상황이 나타나기 시작했다(Meyer and Martin, 2021). 따라서 그

〈그림 4-3〉 지역별 ODA 지원 비율 변화(단위: %)

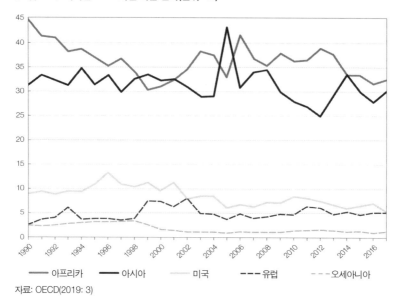

아프리카 —— 아시아 —— 미국 --- 유럽 --- 오세아니아

자료: OECD(2019: 3)

동안 공여국의 원조 지원에서 상대적으로 감소 추세를 보였던 중남미 지역에 대한 ODA 지원은 코로나19로 인해 상당 기간 확대되어야 할 것으로 보인다(〈그림 4-3〉 참조).

따라서 이 장에서는 중남미 지역에 대한 주요 공여국의 코로나19 대응 원조 변화를 분석하고, 이러한 변화가 특히 앞에서 언급한 중남미 지역의 피해 양상을 반영하고 있는지 살펴본다. 또한 이러한 분석을 바탕으로 국제사회의 대중남미 정책 방향에 대한 시사점을 함께 제시한다.

그동안 중남미 지역에 원조를 지원한 OECD DAC 공여국 가운데 절대 금액을 기준으로 보았을 때 가장 많은 규모를 지원한 10대 국가는

<표 4-1> 중남미 지역에 원조를 지원한 상위 10위 공여국(2015~2017년 기준)

순위	공여국	3년간 평균 절대 금액 (100만 달러)	공여국	전체 개발도상국 대비 중남미 지원 비율(%)
1	미국	1,969	스페인	88
2	독일	1,237	프랑스	20
3	프랑스	892	캐나다	15
4	스페인	849	스위스	14
5	캐나다	377	노르웨이	14
6	영국	338	한국	11
7	스위스	215	벨기에	11
8	노르웨이	206	룩셈부르크	10
9	한국	143	독일	10
10	스웨덴	110	미국	10
	그 외	189	그 외	3

자료: OECD(2019)를 바탕으로 필자 재작성

미국, 독일, 프랑스, 스페인, 캐나다, 영국, 스위스, 노르웨이, 한국, 스웨덴 순이다. 이와 비교해, 각 공여국별 전체 ODA 가운데 대중남미 지원 비율이 높은 국가는 스페인, 프랑스, 캐나다, 스위스, 노르웨이, 한국, 벨기에, 룩셈부르크, 독일, 미국 순이다(<표 4-1 참조>).

그러나 모든 주요 공여국이 대중남미 코로나19 정책을 공개한 것은 아니기 때문에 이 장에서는 2021년 2월을 기준으로 대중남미 코로나19 원조 지원정책에 대한 정보를 공개하고 있는 공여국인 미국, 독일, 프랑스, 스페인, 영국, 한국에 대한 분석을 진행했다. 각 공여국별 분석은 전반적인 원조정책, 대중남미 지원 현황, 코로나19에 대한 원조의 변화, 대중남미 코로나19 지원정책으로 구분해 분석했다. 다만, 코로나19와 관련해 대중남미 ODA에 대해 심층적으로 다루는 학문적인 성격의 논문과 연구 자료가 아직 매우 미흡한 상황이기 때문에 이 장에서 분석한 내용은 대부분 각 공여국 정부가 제한적으로 공개하고 있는 일부 자료와 뉴스 기사를 바탕으로 했다.

1. 미국

1) 원조정책 일반

미국은 OECD DAC의 초창기 회원국으로 DAC 설립 이래 공여국들 간 원조정책 발전에서 지속적으로 중요한 역할을 해오고 있다. 미국 정부의 원조 규모는 금액 면에서 국제적으로 상위권을 기록하고 있으나, ODA/GNI 비율은 하위권에 머무는 것으로 나타나고 있다(〈그림 4-4〉, 〈그림 4-5〉 참조).

전 세계 ODA의 시초라고 불리는 마셜플랜을 제공하기 시작한 미국 정부는 전통적인 공여국 중에서도 대표적인 국가 중 하나로 평가되고 있다. 마셜플랜은 제2차 세계대전 이후 당시 마셜 미 국무장관이 유럽 부흥계획을 제안해 시작된 원조이다. 미국의 당시 대유럽 원조는 구소련 체제와의 경쟁 구도 속에서 냉전시대의 이데올로기를 반영한 전략적 원조정책을 바탕으로 하고 있다. 이후 1961년 '미국원조법(Foreign Assistance Act)'이 제정되어 미국의 대외원조는 이 법령을 바탕으로 운영되기 시작했다.

〈그림 4-4〉 미국의 최근 원조 규모 동향(단위: 100만 달러)

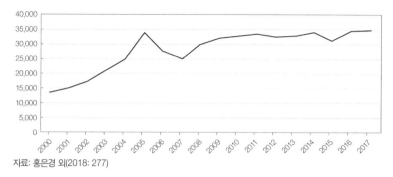

자료: 홍은경 외(2018: 277)

〈그림 4-5〉 OECD DAC 공여국의 최근 ODA/GNI 비율(2019년 기준)

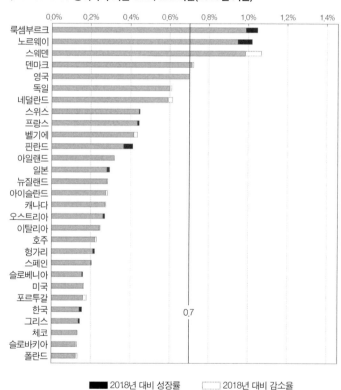

자료: Development Initiatives(2021: 7)

1970년대에 들어서면서 미국 정부는 원조정책에 인권의 개념을 도입하기 시작했다. 이후 2001년 9·11 테러를 기점으로 미국의 원조정책은 또 한 번의 변화를 맞이하는데, 바로 국가안보 전략의 일환으로 ODA를 활용하기 시작한 것이다. 이후 미국 정부는 대외원조에 민주주의의 개념을 강조하기 시작했고, 이라크, 아프가니스탄, 파키스탄과 같은 국가에 대한 원조를 증대하기 시작했다. 미국은 오바마 정권이 들어서면서 '스마트파워 전략'을 구사했는데, 이를 통해 미국의 ODA는 원조를 통한 국익 발전과 함께 정부-민간 간 파트너십을 강조했다 (유웅조, 2014; 홍은경 외, 2018).

트럼프 행정부에 들어 미국 정부는 개발금융의 확대를 시도했고, 이를 통해 더 많은 민간재원이 개발도상국에 유입되도록 했다. 이러한 시도를 한 것은 SDGs를 달성하기 위해서는 개발재원을 충당해야 하고 민간재원이 필요하다는 현실을 인식했기 때문이다. 또한 최근 일대일로(One Belt One Road: OBOR)를 통한 인프라 개발에 주력하는 중국의 개발도상국 내 영향력 확대에 대응하기 위한 방안이기도 했다(조은진, 2019). 미국의 원조정책 변화는 〈표 4-2〉와 같이 정리할 수 있다.

〈표 4-2〉에서 볼 수 있듯, 미국 정부는 최근 개발재원에서 민간재원을 확대하기 위해 기존의 개발금융기관(Development Finance Institution: DFI)이었던 해외민간투자공사(Overseas Private Investment Corporation: OPIC)와 미국국제개발협력청(United States Agency for International Development: USAID) 내 민간 금융 부문을 통합해 DFC를 신설하기도 했다.

〈표 4-2〉 미국의 원조정책 변화

구분	정책 변화
제2차 세계대전 이후	- 마셜플랜 - 냉전 시대 구소련 체제를 견제하기 위한 외교정책의 수단으로 원조정책 구사
1970년대 카터 행정부	- 인권 증진을 원조정책에 포함
1990년대 클린턴 행정부	- 탈냉전 시기의 지속적인 발전 강조
2000년대 부시 행정부	- 9·11 테러 이후 민주주의, 개발, 국방을 국가안보 3대 전략으로 제시 - 국무부 내 대외원조 전담 조직 신설, 대테러 주요 국가를 대상으로 원조 증대
2010년대 전반 오바마 행정부	- 스마트 파워 전략 수립 - 국무부 및 USAID 통합 활동 추진 - 성장을 위한 정부-민간 통합 원조 추진
2010년대 후반 트럼프 행정부	- 개발금융 조직 개편, 개발재원으로 민간재원을 확대하고자 노력 - 미국국제개발금융공사(US International Development Finance Corporation: DFC) 신설

자료: 임소진(2016); 조은진(2019)을 바탕으로 필자 재작성

한편, 미국의 원조는 DAC에서 규정하는 원조보다 광범위한 의미를 지니며, 군사원조도 미국의 대외원조에 해당한다. 일부에서는 이러한 측면을 고려해 미국의 대외원조를 '개발원조(Development Aid)'가 아닌 '해외원조(Foreign Aid)'라고 구분해서 부르기도 한다. 실제로 미국 정부는 개발원조라는 표현보다 해외원조라는 표현을 공식적으로 사용한다. 한편, 미국의 대외원조 중 군사원조와 같은 부분은 OECD DAC의 정의에 따라 ODA로 계상되지 않고 있다. 미국 원조의 또 다른 특징은 국무부와 USAID 및 다양한 관련 부처가 외교안보 원조를 제공하고 있으며 농림부는 식량 원조를 지원하는 특징을 보이고 있다는 것이다. 미국의 대외원조 형태는 〈표 4-3〉과 같다.

미국 원조의 주요한 지원 분야는 보건 부문이며, 그다음으로 인도적

<표 4-3> 미국 대외원조의 주요 형태

분류	형태	주요 지원 내용
목적에 따른 분류	평화와 안보	대테러, 대량살상무기 대응, 마약대응, 국제범죄, 갈등 완화와 중재 등
	사회개발	보건, 교육, 사회서비스, 취약층 보호 등
	정의와 민주주의	사법과 경찰역량, 부정부패 척결, 선거지원 등
	경제성장	거시경제성장 제고, 무역 및 투자 제고, 금융 부문 활성화, 건설, 민간 부문 등
	인도주의적 지원	재난과 난민 및 이민문제 해결 등
예산 계정에 따른 분류	경제원조	국무부, USAID, 농무부 지원금 및 국제기구 기여금 등
	군사원조	평화유지활동, 국제군사교육 및 훈련, 외국군대 금융지원 등
	비양허성 원조	수출입은행 및 해외민간투자공사 등에 대한 지원금

자료: 임소진(2016)을 바탕으로 필자 재작성

지원 및 공공행정 분야에 대한 지원이 높은 것으로 나타나고 있다. 지역별로는 아프리카에 가장 많은 지원을 제공하고 있으며, 그다음으로 원조를 많이 제공하는 지역은 '미분류'로 구분되고 있다. 아프리카 지역 및 미분류 지역과는 많은 차이가 나지만 아시아 지역이 그다음으로 미국의 ODA 지원이 집중되는 지역으로 나타나고 있다(홍은경 외, 2018).

2) 대중남미 지원 일반

미국의 대중남미 원조는 1946년부터 시작되었으며, 이후 2019년까지 미국은 약 940억 달러 규모의 ODA를 중남미에 제공하면서 중남미 지역권 내 최대 공여국으로 활동해 왔다. 〈그림 4-6〉에서 볼 수 있듯이, 미국의 대중남미 원조는 1960년대에 최대치를 기록한 바 있다. 이렇게 많은 규모의 원조는 중남미 국가들에 대한 구소련 및 쿠바의 영향력을

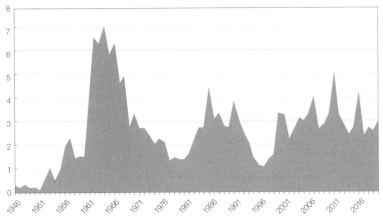

〈그림 4-6〉 1946~2019년 미국의 대중남미 원조 동향(단위: 1억 달러)

자료: Meyer and Martin(2021: 3)

최소화하기 위한 노력의 일환으로 이루어졌다(Meyer and Martin, 2021).

이후 미국의 대중남미 ODA는 감소 추세를 보이다가 1979년 니카라과의 무장 혁명 조직인 산디니스타 민족해방전선이 정권을 잡으면서 다시 증가하기 시작했다. 따라서 미국은 1980년대에 지속적으로 중남미 지역에 ODA를 제공했는데, 이는 중남미 국가들의 발전을 위한 지원이라기보다 중남미 국가 내 좌파세력 및 잠재적 구소련 우호 세력의 확대를 방지하기 위한 목적에 초점을 두었다. 1980년대 말 냉전이 종료된 이후 미국의 대중남미 지원은 자연히 감소했다. 그러나 1998년 중남미 지역에 허리케인 피해가 발생하자 미국의 대중남미 원조 규모는 다시 증가하기 시작했다. 이 시기의 ODA는 주로 인도적 지원 및 허리케인 복구 지원 사업을 위해 제공되었다. 또한 2010년 아이티의 지진으로 인해 지원이 증가하기도 했다(정상희, 2018; Meyer and Martin, 2021).

중남미 국가들이 점차 경제발전을 이루자 중남미 국가들을 대상으로 하는 미국의 원조 지원은 2011년을 기준으로 감소하기 시작했다. 이는 또한 2008년 경제 위기 이후 미국의 전반적인 원조 예산이 위축된 결과이기도 하다(Meyer and Martin, 2021). 그러나 미국의 대중남미 원조의 전체적인 규모가 감소하긴 했으나, 미국은 중남미 국가들의 범죄와 마약 퇴치 및 지역안보를 위해 지속적으로 ODA를 제공하고 있다(정상희, 2018). 물론 미국이 대중남미 원조지원을 하는 것은 이 지역 내 미국의 오랜 역학관계에서 기인한 양심적 가치와 인도주의적 이유를 반영한다는 분석도 있다(Adams, 2015).

3) 코로나19에 대한 원조 변화

미국 정부는 2020월 9월 기준, 총 205억 달러 규모를 대개발도상국 코로나19 대응 예산으로 계획한 것으로 보고되고 있다(USAID, 2020a). 우선, 미국은 2020년 2월 총 1억 달러 규모의 긴급보건기금(Emergency Health Funding)을 조성해 코로나19 대응에 취약한 국가를 지원하겠다는 계획을 발표한 바 있다. 이를 시작으로 USAID는 미 국무부와 함께 긴급예비기금(Emergency Reserve Fund: ERF-USAID), 글로벌보건프로그램(Global Health Programs: GHP-USAID), 경제지원기금(Economic Support Fund: ESF), 국제재난지원(International Disaster Assistance: IDA) 같은 4대 예산 항목을 중심으로 본격적인 대개발도상국 코로나19 대응 지원 사업을 시작했다.

<표 4-4> 2020년 USAID 대개발도상국 코로나19 대응 지원 예산 변화(약정액 기준)(단위: 달러)

구분	2020년 5월	2020년 9월
ESF	152,700,000	243,000,000
GHP-USAID	100,000,000	235,000,000
ERF-USAID	100,000,000	299,000,000
IDA	300,000,000	558,000,000
총액	652,700,000	1,335,000,000

자료: USAID(2020c); USAID(2020d)를 바탕으로 필자 작성

2020년 3월 들어 미국 정부는 2억 5000만 달러 규모를 ESF 예산에, 4억 3500만 달러 규모를 GHP-USAID 및 ERF-USAID 예산에, 그리고 3억 달러 규모를 IDA 예산에 편성했다. 나아가 미국 정부는 USAID의 인도적 프로그램을 위해서 2억 5800만 달러의 예산을 편성하는 한편, USAID 직원의 안전한 코로나19 사업 이행을 위해 9500만 달러를 추가적으로 집행하도록 했다(USDoS and USAID, 2020; USAID, 2020b). 미국의 코로나19 개발도상국 지원 규모는 이러한 4대 예산 항목을 중심으로 <표 4-4>와 같이 4개월이라는 짧은 기간 내에 두 배 이상으로 증가했음을 알 수 있다.

예산을 집행하기 위해 USAID는 미 국무부와 함께 다음 네 가지 목표를 중심으로 '코로나19 예방, 대비, 대응 대개발도상국 추가지원 전략(Strategy for Supplemental Funding to Prevent, Prepare for, and Respond to Coronavirus Abroad)'을 수립했다(USAID, 2020b).

① 해외 거주 미국 시민과 미 정부 지역사회 보호, 미 정부의 해외 업

무를 지속적으로 촉진, 효과적인 정보 교류

② 현 코로나19 상황과 재출현 가능성에 대한 예방, 대비, 대응 및 코로나19 의료제도 개선

③ 코로나19와 관련해 기존의 복잡한 긴급 상황에 대한 예방, 대비, 대응 및 코로나19로 인해 발생 가능한 잠정적·인도적 문제 확인

④ 코로나19의 경제, 안보, 안정, 거버넌스와 관련한 이차적 영향에 대한 대비, 완화 및 확인

USAID는 수원국별 역량 및 수요에 맞춘 '코로나19 국제대응 지원을 위한 미 정부 액션플랜(USG Action Plan to Support the International Response to COVID-19, SAFER Action Plan)'을 별도로 수립해서 위의 4대 목표를 달성하기 위한 사업에 적용했다. SAFER 액션플랜은 수원국 지역사회 내에서 코로나19의 확산 속도를 감소시키는 것을 강조한다. USAID는 미 국무부 및 다자기구, 비정부기구뿐만 아니라 민간 부문과도 협력해 개발도상국 내 코로나19 대응이 원활히 이루어질 수 있도록 하고 있다(USAID, 2020b).

4) 대중남미 코로나19 지원정책

미국 정부의 대개발도상국 코로나19 지원은 USAID를 중심으로 이루어지고 있으며, USAID는 앞에서 언급한 코로나19 대응을 위해 아프리카, 아시아, 유럽 및 유라시아, 중남미, 중동 및 북아프리카의 5

〈표 4-5〉 USAID 코로나19 대응 지원금 예산의 지역별 비교(2020년 4월 기준)(단위: 달러)

지역	지원 대상 국가	예산 금액
중남미	카리브해 지역, 도미니카공화국, 아이티, 자메이카, 파라과이	7,300,000
아시아	아프가니스탄, 방글라데시, 버마(미얀마), 캄보디아, 인디아, 인도네시아, 카자흐스탄, 키르기스스탄, 라오스, 몽고, 네팔, 파키스탄, 파푸아뉴기니, 태평양제도, 필리핀, 스리랑카, 타지키스탄, 우즈베키스탄, 베트남	38,101,145
아프리카	앙골라, 부르키나파소, 카메룬, 코트디부아르, 에티오피아, 케냐, 모잠비크, 나이지리아, 르완다, 세네갈, 남아프리카공화국, 탄자니아, 잠비아, 짐바브웨	21,600,000
유럽 및 유라시아	알바니아, 아르메니아, 아제르바이잔, 벨라루스, 보스니아헤르체고비나, 조지아, 코소보, 몰도바, 북마케도니아, 세르비아, 우크라이나	12,350,000
중동 및 북아프리카	이라크, 모로코, 튀니지	1,890,000
전 세계	그 외	17,758,855

자료: USAID(2020)을 바탕으로 필자 재작성

대 지역을 구분해 별도의 정책을 제시하고 있다. 이 중 중남미에 대해 USAID는 2020년 4월 기준 총 730만 달러 규모의 지원을 계획했다. 이는 미국의 코로나19 대응을 위한 최대 지원 지역인 아시아 지역에 4000만 달러를 지원한 데 비하면 비교적 적은 금액이라 할 수 있다(〈표 4-5〉 참조).

그러나 미국의 대중남미 코로나19 대응 지원은 이후 지속적으로 확대되어, 2020년 8월을 기준으로 총 1억 4100만 달러를 기록했다. 참고로 트럼프 행정부는 2021년 미국의 대중남미 총 ODA 규모를 전년 대비 18% 감소해 책정하고자 했으나 미 의회에 의해서 거부된 바 있다(Meyer and Martin, 2021). 미국의 대중남미 국가별 코로나19 지원 규모는 〈표 4-6〉과 같다.

〈표 4-6〉 미국 정부의 대중남미 국가별 코로나19 대응 지원 규모(2020년 8월 기준)

(단위: 1000달러)

국가명	국제재난 지원	이주 및 피난민 지원	보건지원	경제지원 기금	총액
아르헨티나	-	300	-	-	300
바하마	-	-	750	-	750
벨리즈	-	-	300	-	300
볼리비아	-	130	750	-	880
브라질	6,000	4,800	2,000	950	13,750
칠레	-	20	-	-	20
콜롬비아	15,500	8,100	-	-	23,600
코스타리카	-	880	800	-	1,680
쿠바	-	-	-	-	0
도미니카공화국	-	275	1,400	2,000	3,675
에콰도르	11,000	5,000	2,000	-	18,000
엘살바도르	2,000	-	2,600	2,000	6,600
과테말라	6,000	-	2,400	1,500	9,900
가이아나	-	350	-	-	350
아이티	10,000	-	3,200	-	13,200
온두라스	3,000	700	2,400	-	6,100
자메이카	-	-	1,000	1,000	2,000
멕시코	-	2,100	-	-	2,100
니카라과	-	-	750	-	750
파나마	-	1,100	750	-	1,850
파라과이	-	95	1,300	-	1,395
페루	7,000	3,800	1,500	3,000	16,300
트리니다드토바고	-	250	-	-	250
우루과이	-	100	500	-	600
베네수엘라	9,000	4,700	-	-	13,700
중남미 지역 통합*	-	1,100	-	-	1,100
카리브해 지역 통합**	-	-	2,200	-	2,200
총액	69,500	33,800	27,600	10,450	141,350

* 중남미 지역 통합에는 엘살바도르, 과테말라, 온두라스가 포함됨
** 카리브해 지역 통합에는 앤티가 바부다, 바베이도스, 도미니카, 그레나다, 가이아나, 세인트키프네비스, 세인트루시아, 세인트빈센트그레나딘, 수리남, 트리니다드토바고가 포함됨
자료: Meyer and Martin(2021)을 바탕으로 필자 재작성

〈표 4-7〉 USAID의 중남미 내 코로나19 대응 지원 사업 사례

국가명	사업 내용
과테말라	과테말라 국립 병원 정책(Clean Clinic Approach)의 일환인 감염 방지 및 통제 교육 프로그램을 위해 존스 홉킨스 대학교의 교육 프로그램 지원, 과테말라 의료진의 코로나19 대응에 기여
아이티	유니세프의 손소독제 보급 사업을 지원해 마트, 버스정류장, 종교집회지 등의 공공장소 총 3570곳에 손소독제 배치, 100만 명 이상의 인구가 손소독제 사용 가능
엘살바도르	60만 달러 규모로 세이브 더 칠드런(Save the Children)의 코로나19 관련 WASH 사업 및 손소독제 보급 사업 등을 지원
자메이카	취약 청년층 및 가정과 지역사회, 그리고 미소금융 스타트업을 위한 재정지원 확대를 위해 지역사회, 시민사회, 정부기관 및 민간 부문과 협업 추진

자료: USAID(2020d)를 바탕으로 필자 작성

2020년 4월에 책정된 730만 달러 규모의 예산은 중남미 지역 내 USAID의 지속적인 활동을 담보하기 위해서뿐만 아니라, 정보교류, 질병통제, 감염예방 및 통제, 역량 구축, 그리고 WASH(Water, Sanitation and Hygiene) 사업 등을 위해서도 사용되었다(USAID, 2020b). 그 외 중남미 지역권 내에서 이루어진 USAID의 코로나19 대응 지원 사업은 〈표 4-7〉과 같은 내용을 포함한다.

2. 독일

1) 원조정책 일반

독일은 미국과 함께 세계 최대 공여국의 하나로서 많은 규모의 ODA를 지속적으로 개발도상국에 제공해 오고 있다. 앞의 〈그림 4-5〉에서

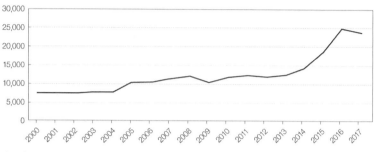

〈그림 4-7〉 독일의 최근 원조 규모 동향(단위: 100만 달러)

자료: 홍은경 외(2018: 86)

보듯이, 독일은 미국과 비교할 때 ODA/GNI 비율이 상위권에 속한다. 독일의 최근 원조 지원 동향은 〈그림 4-7〉과 같다.

독일 정부는 원조와 관련된 법규를 제정하지 않고 있으며, 대신 연방 하원 경제협력 개발위원회의 논의 결과에 따라 독일 경제협력개발부 (Federal Ministry for Economic Cooperation and Development: BMZ)가 원조백서를 출간하고 원조정책을 제시한다. 독일 정부는 변화하는 국제 환경을 원조정책에 반영하는 한편, 인도주의적 원조의 중요성을 강조한다. 예를 들어, 최근 발표된 원조정책에서 글로벌 공동 목표인 SDGs 를 그 핵심으로 제시하고 있다. 그러나 BMZ의 원조정책에서는 국제사회 공동의 가치를 추구하면서 인도주의적 원조를 강조하지만, 그 외의 부처에서는 각 부처의 목표를 우선으로 삼아 국익을 추구하는 행태를 보이기도 한다(임소진, 2017).

독일 정부의 ODA 지원 구조는 크게 정책 수립 기관과 이행 기관으로 구분해 이해할 수 있는데, BMZ에서 정책을 수립하면 이를 바탕으로 BMZ의 위탁기관에서 각각의 원조 지원 전략을 수립해 이행한다. 여기서 이행기관이란 크게 기술협력(무상원조) 분야, 재정협력(유상원조 및 개발금융) 분야, 그리고 연구(무상원조) 분야로 구분할 수 있다. 즉, BMZ는 대개발도상국 ODA 예산 집행을 독일국제협력유한책임회사(German Society for International Cooperation: GIZ), 독일투자개발공사(Deutsche Investitions-und Entwicklungsgesellschaft: DEG), 그리고 독일개발연구소(German Development Institute)에 위탁해 운영한다. 예를 들어, 독일 정부가 '취약국 지원을 위한 뉴딜(New Deal for Engagement in Fragile States)'에 가입한 이후 BMZ는 '취약국에서의 개발을 위한 전환(Development-Oriented Transformation in Conditions of Fragile Statehood and Poor Government Performance)'이라는 정책을 수립했으며, GIZ는 이를 토대로 대취약국 지원 전략을 수립했다(임소진, 2013). 이와 같은 독일 원조기관의 구성은 〈그림 4-8〉과 같이 이해할 수 있다.

〈그림 4-8〉의 GIZ는 기존의 기술협력을 담당하던 독일기술협력유한책임회사(German Technical Cooperation: GTZ), 연수 프로그램을 담당하던 독일교육사업기관(Capacity Building International: InWEnt), 그리고 봉사단 파견 사업을 담당하던 독일개발봉사단(German Development Service: DED)을 2011년에 통합한 민간유한책임회사(GmbH)이다(임소진, 2013). 독일에서 2011년 단행된 통합은 GTZ, InWEnt, DED를 GIZ로 축소 합병하는 과정이었다. 이를 통해 무상원조보다 개발금융 중심의 유상원조를 강조하는 독일 원조의 특징을 다시 한 번 확인할 수 있다(임소진, 2017). 독일의 개발금융을 담당하는 DEG는 독일개발은행(KFW

〈그림 4-8〉독일 원조기관의 조직 변화

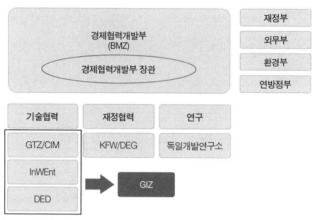

자료: 임소진(2013: 67)

Bankengruppe: KFW)의 자회사이자 DFI의 역할을 수행하다. 따라서 DEG는 주로 개발도상국 내 높은 위험요소로 인해 기업의 투자가 어려운 사업에 대해 대출 및 투자를 제공하는 역할을 한다. 즉, 공공재원으로 개발도상국 내 발생 가능한 위험 요소를 완화함으로써 개발도상국 내 공여국 민간재원을 확대하는 기관이라 할 수 있다.

독일 원조의 또 다른 특징은 전통 공여국 중 삼각협력을 가장 많이 활용하고 있는 국가라는 것이다. 양자 지원은 기존의 전통적인 공여국이 개발도상국을 지원하는 방법이라면, 삼각협력은 서로 비슷한 역사, 문화, 경제, 언어 등을 공유하고 있는 신흥경제국이 그 외의 개발도상국을 지원하는 남남협력에 전통적인 공여국이 지원하는 형태를 의미한다(Lim, 2019). 삼각협력은 2000년대에 들어 원조효과성이 높은 혁신적인 원조지원 방법으로 인식되었으며, OECD DAC는 공여국의 삼각협력 활용을 확대하도록 장려하고 있다.

독일의 주요 지원 분야는 난민 부문이라 할 수 있는데, 그 외에 기후 변화와 재생에너지, 그리고 농업 및 식량 안보에도 중점을 두고 있다 (Cataldo, 2018). 독일 ODA의 상당 부분은 아프리카와 아시아 지역에 집중되어 있으며, 최근에는 중동 지역에 대한 지원이 증가하는 경향을 보이고 있다(홍은경 외, 2018).

2) 대중남미 지원 일반

독일의 대중남미 ODA는 각 개발도상국을 지원하는 양자 방식보다 다자기구를 통해 원조를 제공하는 다자 방식을 더 많이 이용하는 양상을 보인다. 독일은 특히 중미통합체제(SICA)와 UN ECLAC 같은 다자기구를 통한 지원을 확대해 오고 있다(정상희, 2018). SICA는 1991년 12월 채택된 '중미기구헌장 개정의정서(테구시갈파 의정서)'를 바탕으로 1993년 2월 발족된 중미 국가들의 정치·경제통합 기구를 의미한다(김영철·이태혁, 2020). 나아가 독일 정부는 중남미 지역에서 중소득국으로 부상하고 있는 멕시코, 브라질, 칠레 등 신흥경제국의 인적 역량을 활용해 이들 국가와의 삼각협력을 확대해 오고 있다(정상희, 2018). 독일은 중남미 신흥경제국뿐 아니라 쿠바 등의 국가를 활용한 삼각협력도 주도하고 있다.

3) 코로나19에 대한 원조 변화

BMZ는 2020년 4월, 10억 유로 규모의 '코로나19 긴급지원 프로그램'을 발표했다. 독일은 이 프로그램을 통해 ① 보건 및 유행성 질병 통제, ② 식량 안보 및 기근 방지를 위한 기초 식량 지원, ③ 난민 취약 지역의 안정화, ④ 사회보호 및 글로벌 공급망 내 일자리 보장, ⑤ 의류 및 관광 등 주요 산업에 대한 추가적 경제지원, ⑥ 정부(재정) 지원, ⑦ 국제협력 등 총 7대 사업을 진행하기로 했다(BMZ, 2020a). BMZ가 실시하는 코로나19 긴급지원 프로그램의 7대 영역별 원조지원 규모는 〈표 4-8〉과 같은데, 이는 기존의 원조 예산을 재편성한 결과이다.

BMZ는 우선 '보건 및 유행성 질병 통제'를 통해 전 세계 30개 이상의 개발도상국을 지원하고자 한다. 기존에 전용된 예산인 2억 유로는 주로 아프리카 지역을 대상으로 한다. 독일 정부는 직접 '전염병 준비 전문팀'을 파견할 뿐만 아니라 세계보건기구(WHO) 및 세계백신면역연합(the Vaccine Alliance: GAVI) 같은 국제 의료·백신 단체와의 협력을 통해서도 개발도상국의 코로나19 대응을 지원하고자 한다. 나아가 약 6억 유로 규모의 추가 예산을 재편성해 이미 언급한 사업 외에 WASH를 통한 식수 공급, 코로나19에 취약한 여성 및 소녀 대상 유엔인구기금(United Nations Population Fund: UNFPA) 사업 등도 지원했다.

다음으로 '식량 안보 및 기근 방지' 관련 사업은 난민 취약 지역 및 최빈 개발도상국을 대상으로 하며, 전용된 2억 유로 규모의 예산은 유엔세계식량계획(World Food Programme: WFP)과 유니세프(United Nations

<표 4-8> BMZ의 코로나19 긴급지원 프로그램 예산안(단위: 100만 유로)

구분	예산 전용 완료 규모	추가 예산 재편 대상 규모
보건 및 유행성 질병 통제	200	600
식량 안보 및 기근 방지를 위한 기초 식량 지원	200	600
난민 취약 지역 안정화	150	450
사회보호 및 글로벌 공급망 내 일자리 보장	180	340
의류 및 관광 등 주요 산업에 대한 추가적 경제지원	115	400
정부(재정) 지원	150	350
국제협력	155	410
총액	1,150	3,150

자료: BMZ(2020a)를 바탕으로 필자 재작성

Children's Fund: UNICEF)와의 협력 사업과 총 15개의 '그린 혁신 센터'를 통한 종자 및 비료 보급, 병충해 방지 사업에 제공된다. 추가적으로 재 편성될 것으로 알려진 6억 유로 규모의 예산은 주로 아동 급식 대체 식 량 보급, 일반인 식량 보급, 지역의 식량 생산·저장·공급 과정 개선, 지 역의 식량 가공 산업 지원, 그리고 시민사회의 식량 및 농업 프로그램 확대 등의 사업에 활용될 예정이다.

'난민 취약 지역 안정화' 지원 프로그램에 대한 독일 정부의 예산은 2020년을 기준으로 총 1억 5000만 유로가 전용되었으며, 시리아, 북아 프리카, 사헬지역, 예멘 및 남부 에티오피아를 지원하기 위해 주로 구성 되었다. 나아가 이 사업은 UNICEF, WFP, 그리고 유엔난민기구(United Nations High Commissioner for Refugees: UNHCR)와의 협력 사업으로 이 루어진다. 추가로 재편성될 것으로 계획된 4억 5000만 유로 규모의 예 산은 난민 취약 지역에서의 보건 및 위생시설 인프라 강화, 보건 및 위생 관련 프로그램의 통합, 그리고 이와 관련된 분야에서의 일자리 생성 등에 집중될 것으로 보인다.

'사회보호 및 글로벌 공급망 내 일자리 보장' 사업은 독일 원조의 '일자리 생성 및 직업훈련 특별 이니셔티브'를 중심으로 이루어진다. 일자리 생성 및 직업훈련 특별 이니셔티브는 위기 상황에서 일자리 보호 및 투자 유치를 위한 프로그램이다. 독일 정부는 2020년 총 1억 8000만 유로를 이 프로그램으로 재편성해 코로나19 상황 속에서 사회적·경제적으로 영향을 받은 취약층에 대한 사회보호 프로그램에 지원하기로 했으며, 추가적으로 3억 4000만 유로를 전용해 아프리카 지역 내에서 직업훈련 기회를 상실하는 사태를 방지하고, 아프리카, 아시아 및 중동 지역에서 일자리 보호를 위한 고용 촉진 프로그램을 확대하기로 했다. 또한 이러한 추가적인 예산 재편은 세계은행의 사헬지역 맞춤 사회보호 프로그램 확대에도 활용될 것으로 예상된다.

'의류 및 관광 등 주요 산업에 대한 추가적 경제지원'의 경우, 총 1억 1500만 유로의 예산이 재편성되었다. 이는 위기 상황으로 인해 더 높은 위험 부담이 생긴 민간분야를 보호하기 위해 DEG와 같은 독일 개발금융 기관과의 협력을 통해 구성되었으며, 기존 기금으로 지원하던 중소기업에 대한 지원을 확대했다. 독일 정부는 향후 4억 유로 규모의 예산을 추가적으로 전용해 중소기업에 대한 정부의 재정지원을 증대할 계획이다.

'정부(재정) 지원'은 BMZ가 개발도상국 정부 예산에 직접적으로 재정을 제공하는 것을 의미하며, 보건 인프라, 경제지원, 공급망 유지, 거시경제 안정화 촉진 등과 관련해 개발도상국 정부에 예산을 지원한다.

총 1억 5000만 유로의 예산이 이 사업을 위해 재편성되었으며, 추가로 3억 5000만 유로 정도가 전용될 것이라고 2020년 발표되었다. 추가 예산은 코로나19와 관련된 긴급지원으로, 대상 개발도상국 정부의 국가 재정과 거시경제 안정화에 기여하고자 한다.

마지막으로 '국제협력' 사업을 통해 독일 정부는 1억 5500만 유로를 정부 예산에 재편성해 코로나19와 관련된 국제기구의 사업을 지원하도록 했다. 기재편성된 예산은 UNICEF, UNFPA, UNDP 같은 유엔 기구를 주요한 대상으로 하는 반면, 추가로 재편성하기로 계획된 4억 1000만 유로에는 이들 유엔 기구뿐 아니라 국제금융기구인 국제개발협회(International Development Association: IDA)에 모라토리엄을 선언한 76개 개발도상국에 대한 재정지원과 세계은행의 유상원조를 상환하기 위한 빈곤국 지원이 포함된다.

4) 대중남미 코로나19 지원정책

독일의 대중남미 코로나19 지원은 크게 ① 보건 전문성 향상을 통한 코로나19 퇴치, ② 코로나19 피해 여성 및 소녀 지원, ③ 코로나19 경제적 영향 완화로 구분할 수 있다(German Federal Foreign Office, 2020). 독일 정부는 중남미 지역이 세계적으로 코로나19의 타격을 가장 심하게 받은 지역이라고 인식하고 있다(German Federal Foreign Office, 2020), 이에 따라 독일 정부는 '보건 전문성 향상을 통한 코로나19 퇴치'의 경우, '전염병 준비 전문팀'을 중남미 국가에 파견해 코로나19 발병을 빠르게 진단하고 확산을 방지할 수 있도록 하고 있다. 독일의 '전염병 준비 전문팀'이 가장 먼저 파견된 국가는 콜롬비아, 페루, 멕시코, 에콰도르이며, 그 외의 국가에도 지속적으로 전문팀이 파견되고 있다. 또한 독일은 이 사업을 통해 WHO의 미주 지역 사무소 역할을 하는 범미주보건기구(PAHO)에 약 1000만 유로 규모의 재정지원을 제공하기도 했다.

독일은 2019년 독일-중남미 간 협력 강화를 위한 '중남미 이니셔티브(Latin America and Caribbean Initiative)'를 체결한 바 있으며(German Federal Foreign Office, 2019), 독일의 대중남미 코로나19 3대 사업 중 하나인 '코로나19 피해 여성 및 소녀 지원'은 이 이니셔티브를 바탕으로 수립되었다. 중남미 지역에서는 여성과 소녀에 대한 코로나19 피해가 특히 심각한 것으로 분석되고 있다. 예를 들어, 이들 중 상당 부분이 간병인 등으로 일하고 있기 때문에 이들의 코로나19 전염 가능성 또한 매우 높은 상황이며, 전국적으로 행해지고 있는 통금은 여성에 대한 가정폭력 피해를 코로나19 발생 이전보다 약 80% 증가시키는 결과를 가져오기도 했다. 나아가 코로나19로 인해 많은 지역에서 가정폭력을 방지하거나 차단하기에 불가한 상황이 증가하고 있다. 따라서 독일은 여성과 소녀에 대한 지원을 코로나19 대응 ODA의 일환으로 제공한다. 독일 외교부 장관인 헤이코 마스(Heiko Maas)는 중남미 이니셔티브의 일환으로 2019년 독일 및 중남미 여성을 위한, 그리고 여성들에 의한 네트워크인 '유니다스(Unidas)'를 설립했다. 또한 코로나19의 피해를 입은 중남미 여성들의 현황을 다루는 화상회의를 개최해 이들에 대한 지원의 필요성을 널리 알리기도 했다. 유니다스는 현재 중남미 5

개국에서 진행 중인 코로나19 관련 시민사회 사업을 지원하기도 했다(German Federal Foreign Office, 2020).

국제통화기금(International Monetary Fund: IMF)은 중남미 지역 내에서 코로나19의 피해를 가장 크게 입은 국가들을 대상으로 약 1000억 달러 규모의 지원책을 수립했는데, 독일 정부는 '코로나19의 경제적 영향 완화'의 일환으로 이러한 IMF의 지원책에 기여했다. 그뿐만 아니라 2020년 5월 만기가 도래하는 77개 개발도상국의 채무상환을 연기해 줄 것을 G20 국가 및 파리클럽 국가들에게 호소했다.

IMF뿐 아니라 세계은행 역시 코로나19로 피해를 입고 있는 14개 중남미 국가들에 대해 7억 달러의 지원을 빠르게 제공했다. 한편 EU는 'EU 코로나19 글로벌 대응'의 일환으로 약 15억 3700만 유로를 지원하기로 했다. 이에 따라 독일 정부는 EU 국가 중 최대 지원국으로서 중남미 국가에 대한 EU의 코로나19 지원에 앞장서고 있는데, 이 역시 '코로나19의 경제적 영향 완화'의 일부로 제공되었다. 이처럼 독일이 EU의 대중남미 코로나19 대응에 앞장서는 이유는 앞에서 언급한 '중남미 이니셔티브(Latin America and Caribbean Initiative)' 때문이다(German Federal Foreign Office, 2020).

독일에 따르면, 국가별로 보았을 때 중남미 지역 내 코로나19로 가장 큰 피해를 입은 국가는 브라질이며, 그다음으로 빠른 확산 추세를 보이는 국가는 페루이다(BMZ, 2020a). 이에 따라 독일 정부는 '전염병 준비 전문팀'을 페루에 파견해 페루의 코로나19 피해 증가를 방지하고자 했다(BMZ, 2020b). 이는 GIZ와의 협력으로 이루어진 사업으로(BMZ,

2020b), 독일 ODA 기술협력의 강점을 활용한 좋은 예라 할 수 있다. 그 외에도 독일 정부는 볼리비아 및 파라과이를 대상으로 지식 및 경험을 공유하고 시민사회 지원 사업을 실시하는 한편, 볼리비아 병원에 산소호흡기를 보급하고 파라과이 병원에 침상을 제공하기도 했다(German Federal Foreign Office, 2020).

그 외에도 독일 정부는 콜롬비아에 약 8만 개의 코로나19 검사 키트와 의료장비를 신속히 제공했다. 주코스타리카 독일대사관은 코스타리카 대학의 코로나19 환자용 산소호흡기의 제작을 위해 2만 5000유로를 지원했고, 주아르헨티나 독일대사관은 보건소의 의료약품과 개인보호구(Personal Protective Equipment: PPE)에 필요한 재정과 의료진 및 환자를 위한 교육과정에 예산을 지원했다. 니카라과에는 소규모 도시에 위생 키트를 배부했으며 손소독제 설치 및 공공장소 살균 같은 활동에 필요한 지원을 제공하기도 했다(German Federal Foreign Office, 2020).

3. 프랑스

1) 원조정책 일반

프랑스는 독일 및 영국과 함께 유럽 3대 최대 전통 공여국으로, 〈그림 4-5〉에서 보듯이 ODA/GNI 비율이 상위 10위 안에 속한다. 프랑스의 최근 원조 지원 동향은 〈그림 4-9〉와 같다.

〈그림 4-9〉 프랑스의 최근 원조 규모 동향(단위: 100만 달러)

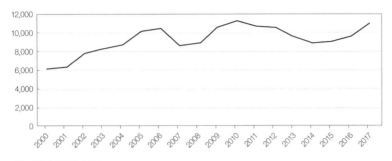

자료: 홍은경 외(2018: 75)

프랑스 역시 독일과 마찬가지로 원조에 대해 별도의 법령을 수립하지 않았다. 대신 프랑스 정부는 외교·유럽 정책백서를 통해 원조정책을 제시하고 있다. 프랑스의 원조정책은 외교 정책 방향을 바탕으로 수립되는 것이다. 프랑스의 외교정책은 프랑스의 안보와 국가 이익 추구, 유럽 발전에 기여, 전 세계 평화·안보·인권을 위해 노력, 국제적 지속가능한 발전에 기여, 프랑스의 사고방식·언어·문화의 영향력 확산이라는 5대 영역을 중심으로 이루어진다. 따라서 프랑스의 ODA는 이러한 외교정책을 반영해 자국의 영향권을 확보하기 위한 재원으로 활용된다. 프랑스 정부는 중기 원조지원 전략을 수립하기도 하는데, 2011년 수립된 프랑스 중기 원조지원 전략의 경우 국제사회의 지속가능한 성장과 빈곤 감소, 불평등 완화, 글로벌 공공재 보존, 개발의 지속성 촉진이라는 4대 개발협력 전략을 제시한 바 있다(임소진, 2017).

프랑스의 ODA 역시 독일과 마찬가지로 무상원조와 유상원조라는 이분법적 구조를 보이고 있으나, 독일이 원조 성격별로 상이한 기관에 이행을 이관한 것과 다르게 프랑스에서는 하나의 기관이 유무상 원조를 모두 제공하는 형태를 가진다. 프랑스 원조기관인 프랑스개발청(French Development Agency: AFD)은 주로 외무부(Ministry of European and Foreign Affairs: MEAE)와 경제재정부(Ministry of Economy and Finance: MINEFI)의 예산으로 ODA를 집행하는데, 외무부보다 경제재정부가 훨씬 높은 수준의 영향권을 행사하고 있다. 이는 무상원조보다 유상원조를 강조하는 프랑스 원조의 특성 때문이다. 이에 따라 AFD는 유상원조를 제공하는 개발은행의 역할도 함께 수행한다.

또한 프랑스 정부는 2015년 기존의 총 6대 무상원조 기술협력 기관을 축소 합병해 '엑스퍼티스 프랑스(Expertise France)'로 재구성했으며, 2019년 이를 다시 AFD로 통합하고자 한 바 있다(임소진, 2017). 프랑스의 유상원조 중 AFD를 통한 유상원조는 80% 이상을 차지하고 있었으나, 엑스퍼티스 프랑스가 AFD에 통합되면서 AFD의 무상원조 비율이 이전보다 높아지는 현상을 보이기도 했다. 프랑스 정부는 AFD 이외에도 경제협력투자공사(Promotion et Participation pour la Coopération Économique: PROPARCO)라는 DFI를 운영해 개발도상국을 위한 공적 재원과 민간재원의 통합적 접근이 가능하도록 하고 있다.

프랑스는 국제적 목표를 추구할 때 전반적인 SDGs를 강조하기보다 파리협약을 주도하는 등 기후변화 부문을 우선 분야로 제시하고 있다. 기후변화와 함께 집중 지원 분야로 제시하는 부문은 평화와 안정, 그리고 보건 분야이다. 프랑스는 이전 프랑스 식민지가 대다수 분포하고 있는 아프리카 지역에 대한 지원을 중요시하고 있으며, 아프리카 다음으로는 중남미와 아시아 지역에 비슷한 규모로 ODA를 제공하고 있다 (Cataldo, 2018; 홍은경 외, 2018).

2) 대중남미 지원 일반

앞에서 언급한 바와 같이 프랑스는 주로 아프리카 지역에 대부분의 원조를 제공하고 있기 때문에 그 외 지역에 대한 별도의 ODA 지원정책을 찾아보기는 쉽지 않다. 그러나 데이터 접근성이 부족함에도 불구하고 이 장에서 프랑스를 대중남미 코로나19 대응의 주요 공여국으로 선택한 이유는 프랑스 정부가 수립한 대개발도상국 코로나19 지원정책에 중남미 국가가 포함되어 있기 때문이다. 따라서 이 장에서는 프랑스의 대중남미 원조 지원 일반에 대한 내용을 별도로 제시하는 대신, 코로나19와 관련된 프랑스의 대중남미 지원 내용을 상세히 분석했다.

3) 코로나19에 대한 원조 변화

프랑스 정부는 대개발도상국 코로나19 대응과 관련해 AFD를 중심으로 2020년 3월부터 공식적으로 ① 보편적 보건 이니셔티브("Health in Common" Initiative), ② 아프리카 및 중동지역 기관 파트너십(Institutional Partnerships for Africa and the Middle East), ③ 채무 상환 지연(Suspension of Debt Repayments), ④ 경제약화 국가지원(Support for Weakened Economies), ⑤ NGO 지원(Support for NGOs), ⑥ 그 외 개발

협력 파트너 지원(Global Response with Other Development Actors) 같은 계획을 제시하고 있다(AFD, 2020).

예를 들어, '보편적 보건 이니셔티브'는 6대 지원 계획 중 가장 큰 규모로 수립되었으며, 주로 아프리카, 중남미 및 중동 지역의 총 19개 국가를 대상으로 11.5억 유로의 예산을 2020년 4월에 승인했다(MEAE, 2020). AFD는 이 이니셔티브를 바탕으로 기존에 계획했던 예산 구조에서 1.5억 유로는 무상원조로, 10억 유로는 유상원조로 재편성했으며, 이들 지역 내에서 코로나19로부터 직접적으로 영향을 받은 경제사회 분야를 집중적으로 지원하고자 한다. 이 예산을 통해 제공되는 원조 사업들은 기존 사업 지원 절차에 비해 더욱 신속한 대처가 가능하도록 계획했다. 2020년 5월 기준 아프리카 국가를 대상으로 총 16개의 코로나19 사업이 승인되었다(AFD, 2020; MEAE, 2020).

4) 대중남미 코로나19 지원정책

프랑스 정부의 코로나19 대응 6대 사업 중 중남미에 해당하는 것은 '경제약화 국가지원(Support for Weakened Economies)' 사업이다. 경제약화 국가지원 사업은 중남미 및 아시아 개발도상국을 대상으로 하며, 코로나19의 영향을 받은 보건 및 경제사회 분야를 중점적으로 지원한다. 프랑스 정부는 이러한 지원을 받은 국가가 이를 바탕으로 향후 SDGs와 파리기후협약(Paris Climate Agreement)을 이행할 수 있도록 하는 데 기여하고자 한다(AFD, 2020).

한편, 프랑스 정부는 앞에서 언급한 6대 전략 외에도 코로나19의 피해가 심각한 중남미 지역을 위해 특별 지원방안을 마련했다. 이들 국가에 대한 지원은 각 국가에 위치한 프랑스 대사관 및 AFD 사무소에 의해 이루어지며, 코로나19에 대한 즉각적인 대응을 강조한다. 프랑스의 대중남미 코로나19 지원은 ① 코로나19 확산 방지 의료 지원, ② 취약계층의 사회적 보호, ③ 코로나19 경제 악화 극복이라는 세 가지 내용을 포함한다(MEAE, 2021).

우선, '코로나19 확산 방지 의료 지원'은 코로나19의 확산을 방지하고 코로나19에 대응하기 위한 의료 시스템을 지원하고자 마련되었다. 이와 관련된 프랑스의 대중남미 지역 사업의 사례는 〈표 4-9〉와 같다.

다음으로, 코로나19의 피해를 가장 크게 받고 있는 '취약계층의 사회적 보호'를 위해 프랑스는 다른 공여국뿐 아니라 세계은행, 그리고 미주개발은행(Inter-America Development Bank: IDB)과도 함께 국가적 지원을 제공하고자 한다. 예를 들어, 프랑스는 총 6개 공여국과 함께 브라질 내 사회적 혜택을 받지 못하는 인구에 대한 긴급지원 프로그램을 제공하면서, 동시에 기존에 운영 중이던 '볼사 파밀리아(Bolsa Familia)'라는 사회 프로그램을 확대해 브라질 정부가 1억 2000만 명에 달하는 취약 가정에 지원할 수 있도록 2억 유로의 유상원조를 지원하기로 했다. 또한 프랑스를 비롯한 공여국 그룹은 볼리비아의 취학 아동, 임산부, 빈곤층 연금 수령인, 장애인에게 긴급지원금을 제공하기 위해 1억 유로를 원조하기로 했다.

마지막으로, 프랑스는 세계은행, IMF 및 UN ECLAC의 분석에 따라

〈표 4-9〉 프랑스의 대중남미 코로나19 확산 방지 의료 지원 사업 사례

국가명	예산 규모	사업 내용
아이티	120만 유로	- 수도 포르토프랭스에 위치한 로돌프 메룩스 연구실(Rodolphe Mérieux Laboratory)에 코로나19 검사, 치료 및 의료진 보호 사업을 지원
	55만 유로	- 기존 원조 예산에서 코로나19 예산으로 전용된 것으로, 코로나19 관련 장비 구입에 투입
에콰도르	300만 유로	- 공공기업 및 지방정부의 코로나 대응 의료 장비를 지원하기 위해 마련된 에콰도르 개발은행의 응급 의료 프로그램을 지원
볼리비아	100만 유로	- 코로나19 진단 및 치료 역량 강화를 위해 총 8개 부처에 ODA 무상 원조 지원
쿠바	530만 유로	- 코로나19 대응 관련 의료 장비 지원
브라질	320만 유로	- 아마조나스(Amazonas) 및 아마파(Amapa)주의 코로나19 대응 의료 장비, 주요 식량 및 위생물품 등의 구입과 교육 및 인식 제고 활동 사업에 제공 - 이 중 아마파주에 대한 지원은 프랑스령 기아나와 아마파주 간 경계 지역에서 코로나19 확산을 방지하기 위한 프랑스-브라질 협력 사업으로 진행
도미니카공화국	50만 유로	- 전염병 감시 시스템 강화를 위해 국가보건서비스 및 보건부에 지원금 형태로 제공
에콰도르, 페루, 콜롬비아 공동	비공개	- 병원 시스템과 보안인력 및 소방서에 대한 임시 지원의 형태로 긴급기금 제공 - 카리브해 지역의 국가를 대상으로 의료 화물 운반을 위한 항공 수송수단을 제공하는 것을 포함
카리브해 지역 공동	150만 유로	- 기후변화와 관련된 전염병 감시 및 의료제도 복원력 향상을 위해 카리브해 공공보건국(Caribbean Public Health Agency: CARPHA) 지원
남미 지역 공동	180만 유로	- 아마존 원주민을 위해 열대우림재단(Rainforest Foundation)에 긴급기금 지원

자료: MEAE(2021)를 바탕으로 필자 작성

코로나19로 경제적 타격을 가장 심하게 받은 지역인 중남미 지역에 기존의 기후변화 대응과 관련된 지원 활동에 코로나19 대응 내용을 추가하고 '코로나19 경제 악화 극복'이라는 지원 프로그램을 계획했다. 이 계획을 바탕으로 하는 사업의 사례는 〈표 4-10〉과 같다.

〈표 4-10〉 프랑스의 대중남미 코로나19 경제 악화 극복을 위한 지원 사업 사례

국가명	예산 규모	사업 내용
브라질	1억 6000만 유로(신용)	경제 활동, 고용, 지속적인 경제 회복을 위해 브라질 지역개발 은행에 제공
에콰도르	2000만 유로	중소기업 및 미소금융 지원을 위해 공공은행에 예산 재편성
콜롬비아	1억 3400만 유로	기초 인프라 형성을 위한 지역 정부 투자 부문에 지원
도미니카공화국	2억 유로(유상원조)	공공보건, 사회적 보호, 경제 활성화를 위해 IDB와 함께 지원

자료: MEAE(2021)를 바탕으로 필자 작성

4. 스페인

1) 원조정책 일반

스페인의 대외원조정책은 1988년에 제정된 '국제개발협력법(La Ley de Cooperación Internacional para el Desarrollo)'에 근거한다. 스페인 원조의 특징은 크게 두 가지인데, 하나는 구식민역사를 바탕으로 중남미 지역과 강한 연계를 보이고 있다는 것이고, 다른 하나는 다자원조를 선호한다는 것이다. 특히 후자와 관련해 스페인은 양자원조보다 다자원조를 더 많이 지원하는 국가로서 다자기관뿐 아니라 개발도상국과의 협력체계를 통해서도 ODA를 제공한다는 특징을 지니고 있다(정상희, 2018). 나아가 스페인은 취약국과 저소득국보다 중소득국가에 대한 지원을 강조하고 있는데, 이는 스페인 원조에서 많은 부분을 차지하는 중남미 국가들이 최근 중소득국으로 발전했다는 측면에서 그 연결고리를 찾아볼 수 있다.

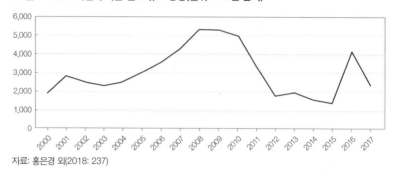

〈그림 4-10〉 스페인의 최근 원조 규모 동향(단위: 100만 달러)

자료: 홍은경 외(2018: 237)

　스페인의 절대적 ODA 규모는 미국, 독일, 영국과 같은 다른 전통 공여국에 비해 낮은 수준이라 할 수 있으나, ODA/GNI 비율은 〈그림 4-5〉에 나타나듯이 스페인이 미국보다 더 높다. 스페인의 최근 원조 지원 규모 추이는 〈그림 4-10〉과 같다.

　스페인의 ODA 정책은 앞에서 언급한 '국제개발협력법'을 바탕으로 4년에 한 번씩 발표하는 '스페인 협력 마스터플랜(Plan Director de la Cooperación Española)'에서 찾아볼 수 있다(홍은경 외, 2018). 예를 들어, 2013~2016년을 대상으로 하는 제4차 마스터플랜은 스페인 ODA 대상국가 및 다자기구 규모의 축소를 제시하고 있는데, 이러한 정책에 따라 스페인 정부는 총 50개였던 ODA 지원 대상 개발도상국 수를 23개로 대폭 축소했으며, 지원 대상인 다자기구 역시 85개에서 69개로 감소시켰다(정상희, 2018).

　스페인 대외원조는 외교부와 스페인국제개발협력단(Spanish Agency for International Development Cooperation: AECID)이 주로 관리하고 있으

나, 그 외에 14개 중앙부처와 17개 자치정부도 원조 활동에 참여하고 있다. 스페인 정부의 ODA 예산은 주로 외교부와 재무부 및 경제부에서 편성되는데, 이 중 재무부의 원조 예산은 EU에 대한 기여금으로 제공되고 있으며, 경제부의 원조 예산은 다자기구 지원 및 개발도상국에 대한 유상원조로 인해 발생한 부채를 탕감해 주는 부분으로 구성된다. 외교부 원조 예산에도 EU 및 다자기구에 대한 지원금이 포함되어 있으나, 예산의 많은 부분이 AECID를 통한 대개발도상국 지원과 무상원조를 제공하는 다자기관에 대한 지원으로 나타나고 있다(홍은경 외, 2018).

스페인의 원조 기관 구성이 지닌 또 다른 특징은 AECID 산하기관으로 유상원조의 성격을 가진 재정지원을 전담하는 개발촉진기금(El Fondo para la Promoción del Desarrollo: FONPRODE)이 존재한다는 것이다. FONPRODE는 원조기관으로서 재정지원을 제공하기 때문에 전문적인 재정 관리 교육에 대해서 스페인 DFI인 스페인재정개발공사(Compañía Española de Financiación del Desarrollo: COFIDES)로부터 기술협력을 받기도 한다.

스페인 원조의 주요 지원 분야로는 중남미 국가들, 특히 쿠바에 대한 부채 탕감이 가장 큰 부분을 차지하고 있으며, 그 외에도 빈곤 감소, 인적역량 강화, 인권상황 개선 및 식량 안보 같은 부분이 강조되고 있다(정상희, 2018; 홍은경 외, 2018). 이는 스페인의 높은 다자 지원 비율에 근거한다고 할 수 있는데, 스페인에서는 독자적인 우선 지원 분야보다 다자기구가 지향하는 우선적인 분야가 강조되고 있다.

대외원조의 지역적 분배와 관련해, 앞에서 언급한 대로 스페인은 프

랑스 및 영국과 같이 구식민지 역사를 바탕으로 ODA의 지역적 분배가
이루어지는 국가이다. 다만, 프랑스 및 영국과 다른 점은 이 두 국가는
아프리카 지역에 ODA가 집중되어 있는 반면, 스페인은 중남미 지역과
더 큰 연관성을 보이고 있다는 것이다. 따라서 스페인의 ODA 지원은
다른 공여국에 비해 중남미 지역에서 높은 비율을 보여주고 있다(정상
희, 2018; 홍은경 외, 2018).

2) 대중남미 지원 일반

중남미 지역에 대한 스페인의 ODA 지원은 중남미 국가들에게 가장
중요한 국가재원의 원천이라고 할 수 있다. 스페인의 ODA 지원은 비
단 앞에서 언급한 빈곤 감소 및 식량 안보, 인권 개선과 같은 분야에서
의 재원뿐 아니라, 중남미 국가들의 정치적 변화, 공공 부문의 제도 개
선, 갈등 해결을 통한 평화 구축, 의료 시스템 강화를 통한 기본 인프라
개발 같은 분야에서의 국가재원도 포함한다(Adams, 2015).

스페인의 대중남미 ODA 지원은 과거 식민역사를 반영하는 것이기
도 하지만, EU 내 스페인의 영향력을 강화하기 위한 수단이기도 하다.
나아가 스페인은 미국과의 우호적인 관계를 유지하기 위한 수단으로
대중남미 원조 지원을 지속하고 있다(Adams, 2015). 앞에서 언급한 바
와 같이 스페인은 취약국 및 저소득국보다 중소득국에 대한 지원을 우
선시하는 정책을 구사하는데, 이 가운데 상위중소득국(Upper-Middle
Income Countries: UMIC)에 대해서는 남남협력 및 삼각협력과 같은 지

원 방안과 함께 출구전략을 수립하고 있다. 이는 향후 이들 국가에서 점차적으로 AECID 사무소를 폐쇄하거나 통합적인 지역사무소로 변경하는 등의 정책을 포함한다. 나아가 SICA를 통한 협력을 확대함으로써 기후변화 및 인도적 지원 같은 분야에 대한 지원을 확대하고 있다(정상희, 2018).

3) 코로나19에 대한 원조 변화

스페인은 코로나19의 피해 규모가 가장 큰 공여국 중 하나임에도 불구하고, 코로나19 시대의 대개발도상국 원조 지원에서 중요한 역할을 차지하고 있다. 예를 들어, 2020년 7월을 기준으로 스페인 정부는 코로나19와 관련된 국제기구 및 대개발도상국 지원금으로 17억 유로를 승인했다. 이 중 3100만 유로는 주요 국제기구를 통한 무상원조로 지원하고, 8500만 유로는 온두라스, 페루, 콜롬비아, 말리, 세네갈에 대한 유상원조로 지원하기로 했다. 유상원조 중 일부는 IDB 및 세계은행을 통한 다자원조로 제공될 예정이다(MAEUEC, 2020a; MAEUEC, 2020b).

스페인 정부는 또한 코로나19 이후 '녹색 회복(Green Recovery)'과 관련된 SDGs와 연계해서 기후변화에 대응할 것을 강조한다. 이와 함께 스페인은 ODA가 보건 및 사회보장제도, 식량, 교육 및 고용과 관련된 부분에서 담당해야 하는 역할을 강조하고 있다(La Moncloa, 2020). 스페인은 코로나19 이후 경제적 부담이 더욱 증가될 것으로 예상되는 개발도상국을 위해 G20 국가들이 제시했던 '채무 지연 이니셔티브(Debt

〈표 4-11〉 스페인의 국제기구를 통한 대개발도상국 코로나19 지원 현황(2020년)(단위: 유로)

구분	지원 대상 국제기구	원조 규모
인도주의적 지원	유엔인도주의업무조정국(UNOCHA)	9,000,000
	유엔난민기구(UNHCR)	2,600,000
	유엔세계식량계획(WFP)	1,000,000
개발 프로그램	세계보건기구(WHO)	3,250,000
	범미주보건기구(PAHO)	1,500,000
	유니세프(UNICEF)	5,000,000
	유엔팔레스타인난민구호기구(UNRWA)	2,000,000
	유엔여성기구(UN Women)	350,000
	유엔식량농업기구(FAO)	2,800,000
	유엔세계식량계획(WFP)	300,000

자료: AECID(2020b)를 바탕으로 필자 작성

Service Suspension Initiative: DSSI)'를 2021년 말까지 연기할 필요성을 강조하기도 했다(La Moncloa, 2020). 국제기구를 통한 스페인의 코로나19 대개발도상국 지원 규모는 〈표 4-11〉과 같다.

그 외에 AECID는 코로나19 글로벌 인도주의적 대응 계획을 수립하고 총 1200만 유로를 인도적 지원기금(Humanitarian Action Fund), 국제적십자, UNHCR, WFP, WHO에 긴급지원의 형태로 제공하기도 했다. 또한 GAVI 및 전염병예방혁신연합(Coalition for Epidemic Preparedness Innovations: CEPI)에 대한 지원도 제공하고 있다. 마지막으로 스페인은 국제농업식량안보기구(Global Agriculture and Food Security Programme: GAFSP)에도 향후 원조 예산을 투입할 계획이라고 밝힌 바 있다.

4) 대중남미 코로나19 지원정책

AECID는 앞에서 언급한 전반적인 코로나19 대응책을 바탕으로 향후 코로나19로 인해 그 중요성이 더욱 부각될 공공보건, 교육, 공공재와 같은 분야에 대한 원조 지원을 확대할 계획이다. 다만, 이러한 계획은 비단 중남미 지역에 국한된 것이 아니라, 코로나19의 피해가 심각한 아프리카 및 중동 지역을 포함한다(AECID, 2020c).

예를 들어, AECID는 '코로나19 국제대응' 전략을 바탕으로 UN의 국제적 대응에 대한 EU 코로나19 대응 사업에 함께 참여하고 있다. 이 과정에서 스페인 정부는 EU와 함께 IMF 및 세계은행, 그리고 지역개발은행의 동참을 촉구하기도 했다. 스페인 정부는 이러한 국제적 노력의 일환으로 시리아, 이란, 아프가니스탄뿐 아니라 베네수엘라, 콜롬비아를 포함한 중남미 국가도 지원한다. 코로나19로 인한 중남미 국가에 대한 지원은 취약 지역사회의 의료 시스템 강화, 교육 및 기본적인 공공 서비스에 대한 접근 강화, 코로나19의 피해로 취약해진 사회경제 시스템의 재건 같은 내용을 포함한다(AECID, 2020c).

또한 '코로나19 스페인 원조 공동 대응 전략'을 바탕으로 스페인 정부는 IDB와 협력해 온두라스 지방개발 사업과 페루의 역사적 유산 재건 사업에 유상원조를 제공했다. 그 외에도 콜롬비아 및 중미와 안데스 지역의 개발 투자를 위해 유상원조를 제공하기도 했다(AECID, 2020a).

5. 영국

1) 원조정책 일반

영국은 미국 및 독일과 함께 전통 공여국 중 가장 많은 ODA를 지원하는 국가이며, '0.7% ODA/GNI 국제 규범'을 준수하는 국가 중 하나이다. 예를 들어, 2019년 기준 0.7% ODA/GNI 국제 규범을 준수한 국가는 룩셈부르크, 노르웨이, 스웨덴, 덴마크, 영국 5개국이었다. 영국 정부는 2013년부터 지속적으로 정부 예산의 0.7%를 ODA로 제공해왔으며, 2015년 0.7% ODA/GNI 규범을 법제화했다. 그러나 영국 정부는 최근 0.7% ODA/GNI를 0.5%로 감소시키겠다고 발표해(Dickson, 2020), 향후 영국 정부의 원조 예산 감소가 불가피할 것으로 보인다. 영국의 최근 원조 규모 동향은 〈그림 4-11〉과 같다.

영국의 원조정책은 원조와 관련된 법규를 바탕으로 한다. 영국의 대외원조 법령은 1980년 제정된 '대외개발협력법(Overseas Development and Cooperation Act 1980)'에서 시작되었으며, 현재는 2002년에 제정된 '국제개발법(International Development Act 2002)'을 바탕으로 한다.

영국의 원조정책은 보수당 집권 시기와 노동당 집권 시기에 따라 현저한 차이를 보인다는 특징을 지니고 있다. 예를 들어, 원조백서는 노동당 집권 시기에만 출판되어 왔으며, 보수당 집권 시기의 원조정책은 국익 추구라는 점을 매우 명확히 제시하고 있다. 그러나 정치적 변화에 영향을 받지 않고 꾸준히 이어져 내려오는 정책도 있는데, 이는 '재

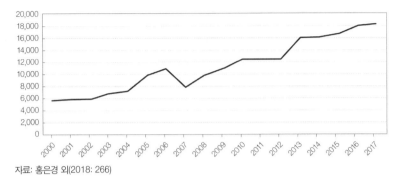

〈그림 4-11〉 영국의 최근 원조 규모 동향(100만 달러 기준)

자료: 홍은경 외(2018: 266)

원의 가치(Value for Money) 지향'이라고 할 수 있다. 영국은 역사적으로 ODA 제공에서 재원의 가치를 추구해야 한다는 것, 즉 가치 있는 부문에 ODA를 지원해야 한다는 것을 강조하고 있다.

영국 정부는 최근까지 국제개발부(Department for International Development: DFID)를 중심으로 원조를 제공해 왔으나, 2020년에 DFID가 외교부(Foreign and Commonwealth Office: FCO)에 흡수, 통합되면서 DFID는 역사 속으로 사라졌다. 이에 따라 외교부는 DFID의 기능을 포함하는 외교개발부(Foreign and Commonwealth and Development Office: FCDO)로 재탄생했다. 이와 관련해, 향후 영국이 대외원조 규모를 감소할 것이라는 우려와 함께 원조를 통해 외교적으로 자국의 이익을 강화하려 한다는 우려도 제기되었다. 예를 들어, 통합 이전인 2020년 7월 외교장관은 FCDO 체제하에서도 영국 정부가 0.7% ODA/GNI 규범을 준수할 것이라고 언급한 바 있으나(BBC, 2020), 최종적으로 영국은 이를 0.5%로 감소했다. 이는 비단 DFID가 FCDO로 통합되었기 때문이

아니라 최근 코로나19로 인해 영국 내 경제상황이 악화된 데 따른 결과이기도 하다. 한편, 영국 역시 독일 및 프랑스와 마찬가지로 DFI인 영연방개발공사(Commonwealth Development Corporation: CDC)를 운영하고 있으며, CDC를 통해 개발도상국 내 공여국 민간재원을 유입하기 위한 국제사회의 노력에 앞장서고 있다.

최근 원조정책에 입각한 영국 정부의 ODA 주요 지원 분야는 '취약국 지원'이라고 할 수 있다. 영국 정부는 원조 예산의 50% 이상을 취약국 지역에 지원하는 것을 목표로 하고 있다. 또한 ODA와 관련해 기후변화 및 그에 대한 회복력 강화를 강조하고 있으며, CDC를 통한 민간재원 동원과 관련해 별도의 노력을 제시하고 있다. 지역별 지원 특성을 보면, 과거 식민국가가 분포되어 있는 아프리카 지역에 가장 많은 지원을 제공하고 있으며, 그다음으로는 미분류 지역에 많은 ODA를 지원하고 있다. 아시아 지역에 대한 지원은 아프리카 지역에 대한 지원의 절반 수준에 그치고 있으며, 중남미 지역에 대한 지원은 매우 미미한 수준이다(Cataldo, 2018; 홍은경 외, 2018).

2) 대중남미 지원 일반

비록 영국 ODA의 지역별 지원 규모에서 중남미가 차지하는 비율이 타 지역에 비해 현저히 낮은 것이 사실이지만, 영국에게 중남미 국가들은 전략적으로 중요한 수원국으로 자리하고 있다. 따라서 영국은 지속적으로 중남미 국가들에 대한 원조를 제공해 오고 있으며, 보건 및 기후변화 분야, 그리고 수원국의 정치적 변화와 관련된 분야에 원조를 집중하는 경향을 보였다(Adams, 2015). 그러나 DFI를 통해 민간재원을 동원하기가 상대적으로 수월한 중소득국이 중남미 지역에서 점차적으로 증가함에 따라, 향후 영국의 대중남미 지원은 ODA보다는 CDC를 통한 민간재원 투자가 증가할 것으로 보인다.

3) 코로나19에 대한 원조 변화

영국은 2020년 7월 기준, 단일 국가로서 가장 큰 규모의 금액인 7억 6900만 파운드를 코로나19 관련 대개발도상국 원조 예산으로 책정했다(Crown, 2020). 이 중 7억 4400만 파운드에 대해 영국 정부는 ① 코로나19 관련 질병 및 백신 개발 연구, ② 국제기구를 통한 지원, ③ 개발도상국 및 NGO 지원으로 구분하고 있다. 〈그림 4-12〉에서 볼 수 있듯이 영국 정부는 코로나19와 관련해 백신 개발 연구에 대규모 원조 자금을 투입했으며, 개발도상국을 직접 지원하는 양자 방식보다 국제기구를 통한 다자 지원방식을 선호하는 것으로 나타났다.

즉, 영국 정부의 코로나19에 대한 원조는 상당 부분 관련 연구 및 백신 부문에 지원되었음을 알 수 있다. 이에 대해 영국 정치인들은 원조 예산이 연구, 백신 개발 및 질병 치료에 사용되는 것이 바람직하지 않다고 밝힌 바 있다(Worley, 2020). OECD DAC가 내린 ODA의 정의를 살펴보더라도, 이 부분은 ODA로 계상되는 데 다소 어려움이 있을 것으로 보인다(OECD, 2020). 따라서 영국 정부의 코로나19 관련 대개발

〈그림 4-12〉 영국 코로나19 관련 원조 지원 현황(2020년 5월 기준)

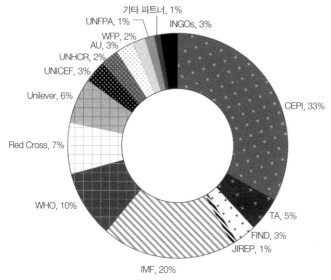

자료: Bond(2020)

도상국 지원에 대한 실제 ODA 규모는 발표 내용보다 훨씬 적을 것으로 보인다.

또한 앞에서 언급한 대로 ODA/GNI를 0.7%에서 0.5%로 감소하겠다는 정부의 발표에 따라 향후 영국 정부의 전반적인 원조 지원을 포함해 대개발도상국 코로나19 지원 규모가 더욱 감소할 것으로 전망된다. 영국 정부는 2020년 11월, 코로나19로 인해 영국 내 경제상황이 악화되면서 2021년부터 ODA를 정부 연간 예산의 0.5%로 축소하는 방안을 발표했다(Dickson, 2020). 또한 앞에서 언급한 바와 같이, DFID를 FCDO로 통합한 것 역시 영국의 원조 규모 및 정책 방향에 추가적인 영향이 있을 것으로 예상된다. 결론적으로 영국 정부는 코로나19로 국내 경제가 악화되자 불가피하게 국제 원조 지원의 규모를 감소할 수밖에 없게 된 것이다.

한편, 영국은 2021년 1월, 개발도상국을 대상으로 코로나19 백신 보급을 담당하고 있는 코백스(COVAX)에 총 10억 달러 규모를 기부하기로 한 목표를 달성했다. 영국 정부는 10억 달러 중 5억 4800만 달러를 영국 ODA 예산으로 지원받았으며, 나머지 금액은 매칭펀드 기금의 형태로 다양한 경로를 통해 지원받았다. 영국이 지원하는 10억 달러는 코백스의 선진국 기부(Advance Market Commitment: AMC)의 형태로 2021년 내에 총 92개 개발도상국에 코로나19 백신을 보급하는 데 사용된다(FCDO, 2021). 코백스는 개발도상국에 공평하게 코로나19 백신이 보급될 수 있도록 WHO, CEPI, GAVI가 함께 구성한 프로젝트이다. 지금까지 코백스에 코로나19 백신 지원서를 제출한 개발도상국 중 총 145개국이 2021년 상반기 내에 3억 3000만 개의 백신을 공급받기로 했으며, 북한은 2021년 2월 코백스에 백신 공급 지원서를 제출해 총 200만 개의 아스트라제네카 코로나19 백신을 공급받기로 결정된 바 있다(Reuters, 2021).

4) 대중남미 코로나19 지원정책

이처럼 영국은 양자 지원보다 다자 지원의 형식으로 코로나19 원조를 제공하는 경향을 보이며, 대중남미에 대한 지원 역시 국가별 지원보다는 국제기구를 통한 지원을 선호하고 있다. 예를 들어, FCDO로 통합 이전된 DFID는 중남미 국가에서 코로나19 대응을 지원하기 위해 WHO에 990만 파운드를 지원한 뒤 이를 PAHO에 제공하도록 했다. 또한 추가적으로 300만 파운드 규모의 지원금을 PAHO에 지원해 카리브해 지역 8개국(앤티가 바부다, 벨리즈, 도미니카, 그레나다, 가이아나, 자메이카, 세인트루시아, 세인트빈센트그레나딘)에 대한 코로나19 확산 방지 및 코로나19의 부정적 영향 완화에 기여할 수 있도록 했다(PAHO, 2020).

6. 한국

1) 원조정책 일반

한국은 일제로부터 독립한 1945년부터 한국전쟁을 거쳐 전후 경제발전 단계 때까지 원조를 받던 수원국이었다가 OECD DAC 공여국의 대열에 합류한 최초의 국가이다. 한국 정부는 2010년 24번째 OECD DAC 회원국이 되었으나, 이미 1960년대부터 수원국이자 동시에 공여국으로서 다른 개발도상국에 원조 지원을 시작했다. 이러한 측면에서 한국의 공여국 경험은 삼각협력 내 남남협력의 제공국에서부터 시작되었다고 할 수 있다.

한국의 원조정책은 '국제개발협력기본법'을 바탕으로 하고 있으며, 국제개발협력 선진화 방안, 분야별 국제개발협력 기본계획, 연도별 국제개발협력 종합시행계획, 그리고 원조백서 등을 통해 원조정책이 제

<그림 4-13> 한국의 최근 원조 규모 동향

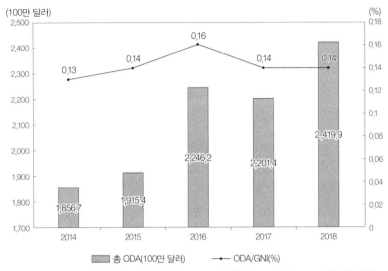

자료: 대한민국 ODA 통합 홈페이지, http://www.odakorea.go.kr/ODAPage_2018/category02/L03_S02.jsp

시되고 있다. 한국은 ODA를 외교적 수단으로 활용할 뿐 아니라 상업적으로도 활용하고 있다. 또한 한국은 OECD DAC에 가입한 이후 대외원조를 제공하는 데서 공여국으로서의 국제무대 참여 확대와 민관협력(Public-Private Partnership: PPP) 강화를 강조하기 시작했다. 2010년대 중반에 들어서는 국익과 개발도상국의 발전을 함께 도모하는 '윈윈형 ODA' 전략을 수립하기도 했다(임소진, 2017). 한국의 대외원조 역사는 주요 전통 공여국에 비해 절대적으로 짧으며 원조의 양적 규모역시 낮은 수준이라고 할 수 있다. 그러나 한국 정부는 ODA/GNI 비율을 증가하기 위해 꾸준히 노력해 왔다. 한국의 최근 원조 규모 동향은 〈그림 4-13〉과 같다.

〈그림 4-14〉 한국의 원조 지원 체계

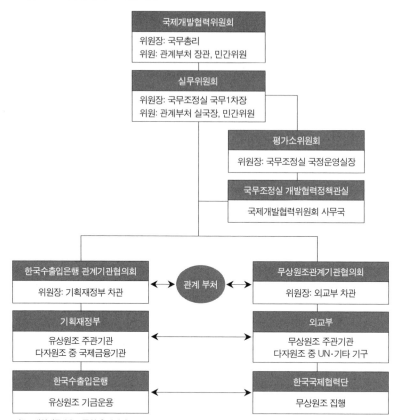

자료: 대한민국 ODA 통합 홈페이지, http://www.odakorea.go.kr/ODAPage_2018/category02/L04_S01_01.jsp

〈그림 4-14〉에서 볼 수 있는 것처럼, 한국 원조의 특징은 유·무상 원조가 명확하게 이원화되어 있다는 것이다. 예를 들어 한국 정부는 대외원조 기본계획에서부터 유·무상 원조를 구분해 작성하고 있으며, 이에따라 주요 정부부처 및 이행 기관 역시 명확히 구분되어 있다. 〈그림 4-14〉와 같이 한국의 무상원조정책은 외교부가 담당하고, 그 이행은

한국국제협력단(Korea International Cooperation Agency: KOICA)이 맡고 있다. 이와 비교해, 한국 대외원조의 유상원조정책은 기획재정부가 담당하고 있으며, 그 이행은 한국수출입은행의 대외경제협력기금(Economic Development Cooperation Fund: EDCF)에 위탁해 운영되고 있다.

따라서 한국 정부의 유·무상 원조에 대한 법령 역시 독립적으로 수립되었다. 무상원조법이라 할 수 있는 '한국국제협력단법'의 경우, 제1조에서 '대한민국과 개발도상국가와의 우호협력관계 및 상호교류를 증진시키고 개발도상국가의 경제·사회발전을 지원하기 위해 한국국제협력단을 설립해 각종 협력 사업을 하게 함으로써 국제협력 증진에 이바지함'이라고 제시하고 있으며, 유상원조법이라 할 수 있는 '대외경제협력기금법'의 경우, 제1조에서 '개발도상(開發途上)에 있는 국가의 산업 발전 및 경제 안정을 지원하고 대한민국과 이들 국가와의 경제 교류를 증진하는 등의 대외경제협력을 촉진하기 위해 대외경제협력기금을 설치하고 그 운용·관리에 필요한 사항을 규정함'이라고 제시하고 있다(임소진, 2017).

〈그림 4-14〉에는 나와 있지 않으나, 기획재정부는 유상원조의 주관 기관임에도 불구하고 일부 무상원조를 담당하기도 한다. 한국의 경제 발전 경험을 개발도상국 정부에 공유하는 프로그램인 '경제발전경험 공유사업(Knowledge Sharing Program: KSP)'이 그것인데, 기획재정부의 주도하에 양자 지원은 한국개발연구원에서, 다자 지원은 EDCF에서 위탁받아 운영하고 있다. 이에 따라 한국 정부는 〈그림 4-15〉와 같이 다자 원조보다 양자원조를, 유상원조보다는 무상원조를 더 많이 제공한다.

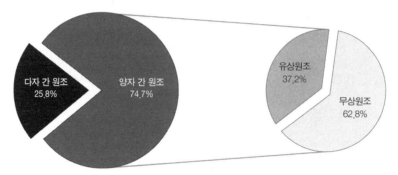

〈그림 4-15〉 한국 원조의 유형별 구분(2018년 기준)

자료: 대한민국 ODA 통합 홈페이지, http://www.odakorea.go.kr/ODAPage_2018/category02/L03_S02.jsp

한국 정부는 원조를 제공할 때 개발도상국의 SDGs 달성에 기여한 다는 것을 강조하면서, 사회·경제 인프라 분야에 집중적으로 원조를 제공한다. 지역별로는 아시아 지역이 전체 원조 지원금의 약 절반을 차지하고 있으며, 그다음으로 아프리카 및 중남미 순으로 원조를 제공 하고 있다(대한민국 ODA 통합 홈페이지).

2) 대중남미 지원 일반

앞에서 언급한 바와 같이, 한국의 ODA는 유·무상 원조가 명확히 구 분되어 제공되기 때문에 대중남미 지원 역시 KOICA와 EDCF를 구분 해서 살펴볼 필요가 있다. KOICA의 경우, 전체 ODA 지원 규모 중 대 중남미 지원은 10.7% 정도이며(KOICA 통계 조회서비스),[1] EDCF의 경우 는 승인액 기준 7.8%로 나타나고 있는데(EDCF 자료센터),[2] 전체적인 대중남미 지원은 유·무상 원조 모두 매우 낮은 수준이라고 할 수 있다.

한국은 중남미 국가 중 볼리비아, 파라과이, 콜롬비아, 페루를 4대 중점협력국으로 선정해 한국 개발경험 및 발전경험을 공유하기 위한 사업을 진행하고 있다. 참고로 한국 정부는 현재 총 24개국의 중점협력국을 선정해 이 국가들을 대상으로 국가협력전략(Country Partnership Strategy: CPS)을 수립하고 있으며 이러한 전략을 토대로 지원을 제공하고 있다(정상희, 2018).

한국의 대중남미 지원 실적은 〈표 4-12〉와 같다.

3) 코로나19에 대한 원조 변화

한국의 대개발도상국 코로나19 원조정책 역시 무상원조와 유상원조를 구분해 접근하고 있다. 여기에서 제시하는 한국의 코로나19 무상원조정책의 변화는 KOICA 'ABC 프로그램'(한국국제협력단, 2020)을 분석한 결과이며, 유상원조의 경우 EDCF의 '포스트 코로나 EDCF 운용 전략'(기획재정부, 2021)을 분석한 결과이다.

KOICA의 ABC 프로그램이란 '개발협력을 통한 코로나19 회복력 강화 프로그램'이라는 의미로, ABC는 영문 표기인 'Agenda for Building resilience against COIVID-19 through development cooperation'에

---

1   http://stat.koica.go.kr/ipm/os/acms/smrizeAreaList.do?lang=ko
2   https://www.edcfkorea.go.kr/site/homepage/menu/viewMenu?menuid=004002004001

〈표 4-12〉 한국의 대중남미 ODA 지원 실적(단위: 100만 원)

연도	무상원조 (KOICA 집행액 기준)	유상원조 (EDCF 승인액 기준)
1987	-	-
1990	-	-
1991	2,674	-
1992	2,353	-
1993	2,905	-
1994	2,856	-
1995	2,788	11,467
1996	3,393	-
1997	7,430	-
1998	6,5512	36,712
1999	3,020	-
2000	4,296	23,753
2001	3,999	-
2002	9,554	-
2003	8,058	2,316
2004	9,873	16,665
2005	12,296	45,193
2006	13,336	66,393
2007	33,116	21,745
2008	35,517	-
2009	36,302	79,699
2010	55,823	53,071
2011	44,009	67,903
2012	55,072	132,526
2013	60,582	51,198
2014	63,388	76,292
2015	68,670	29,234
2016	69,595	180,048
2017	70,778	112,021
2018	89,415	320,758
2019	92,904	278,895
총합	870,552	1,605,889

자료: KOICA 통계 조회서비스(http://stat.koica.go.kr/ipm/os/acms/smrizeAreaList.do?lang=ko); EDCF 자료센터(https://www.edcfkorea.go.kr/site/homepage/menu/viewMenu?menuid=004002004001)를 바탕으로 필자 작성

〈표 4-13〉 한국 KOICA ABC 프로그램의 목표와 핵심 가치

목표	- G20 정상회의 코로나19 공동선언문 이행 - 한국의 경험·기술과 개발도상국 수요를 연계한 상생의 개발협력 - 감염병 위기 대응 범분야 포괄적 협력체계 구축 - 포스트 코로나 시대를 대비한 개발협력 전문역량 강화	
핵심 가치	코로나 STOP 원칙	- 사회연대·국제연대(Solidarity) - 사회적 신뢰(Trust) - 주인의식(Ownership) - 협업(Partnership)
	코로나 STOP 행동	- 신속한 의사결정(Speed) - 투명한 정책·거버넌스(Transparency) - 정보 개방(Openness) - 참여 촉진(Participation)

자료: 한국국제협력단(2020)을 바탕으로 필자 재구성

있는 ABC를 토대로 명명되었다. ABC 프로그램은 2020~2024년을 대상으로 하고 있으며, '생명을 구하자, 생계를 유지하자(Save Lives, Safe Livelihoods)'라는 슬로건을 바탕으로 〈표 4-13〉과 같은 목표와 핵심가치를 제시하고 있다.

KOICA는 〈표 4-13〉에서 제시한 것과 같은 4대 목표 및 8대 핵심가치를 바탕으로 〈표 4-14〉와 같은 3대 ABC 프로그램을 구성해 대개발도상국 코로나19 관련 원조 지원을 제공하고 있다. KOICA는 2020년 12월 기준, 1억 1000만 달러 규모의 ABC 프로그램을 총 108개 개발도상국에 제공했으며, 이러한 프로그램에는 22개 중남미 개발도상국이 포함되어 있다. KOICA는 이와 함께 코로나19 이후 시대를 준비하기 위한 '그린 ODA 및 디지털 ODA의 주류화' 사업을 지원하기도 했다.

이와 비교해, EDCF는 한국의 코로나19 대응 경험을 개발도상국의 감염병 대처에 활용하고 코로나19 이후 경제 및 보건위기 해결에 기여

〈표 4-14〉한국 KOICA가 추진하는 3대 ABC 프로그램의 주요 내용

3대 프로그램	목표	2020~2021년 주요 사업 내용	2022~2024년 주요 사업 내용
보건의료 취약국 지원 (Action on Fragility)	진단·치료·백신 및 인도적 지원을 통한 수원국 보건 및 사회경제 취약성 완화	- 국산 진단키트 지원: 국산 진단키트 지원 - 치료제·백신 개발 지원: 글로벌 보건기구 협업 기반 치료제·백신개발 촉진 - 취약계층 인도적 수요 긴급 지원: 긴급 대응 및 취약계층 생계지원	- 진단기술 자체역량 확보지원: 개발도상국 감염병 진단 역량 강화 - 치료제·백신 공급 지원: 글로벌 보건기구 협업 통한 치료제·백신공급 지원 - 취약계층 포괄적 복원력 강화: 보건·경제·사회 회복 지원
개발도상국 감염병 관리 역량 강화 (Building Capacity)	코로나19 관리 역량 강화를 위한 중장기 지원	- 감염병 예방 교육: 지역주민 온라인 인식 개선·보건교육 - 감염병 조기탐지 역량 강화: 언택트 방식 의료인 교육 - 감염병 신속대응 기반 조성: 온라인 기반 코로나 대응 FAQ 구축	- 감염병 예방사업 형성·기획 및 추진: 개발도상국 거버넌스·정책 역량 강화 - 감염병 탐지사업 형성·기획 및 추진: 인력개발·실험실 및 감시체계 역량 강화 - 감염병 대응사업 형성·기획 및 추진: 다분야 합동대응 및 위기관리 역량 강화
한국 경험의 활용과 글로벌 연대 강화 (Comprehensive Cooperation)	국내 감염병 대응 연구 경험 공유 세계시민연대 강화·국내 혁신기술 발굴 및 확산	- 국내 감염병 대응 경험 연구: 코로나 대응 한국사례 연구 및 공유 - 코로나 극복 세계시민연대 강화: 온라인 기반 세계시민 교육 및 애드보커시 - 국내 혁신기술 발굴 및 확산: 국내외 청년 및 소셜벤처 혁신기술 지원	- R&D 융합 감염병 대응 역량 강화: 한국 경험 프로그램 내재화 도모 - 세계시민연대 글로벌 플랫폼 활성화: 감염병 대응 글로벌 파트너십 활성화 - 국내 혁신기술 활용 개발도상국 지원: 국내 혁신기술기반 감염병 대응 사업 추진

자료: 한국국제협력단(2020)을 바탕으로 필자 재구성

하기 위한 중장기 전략을 수립했다. EDCF의 포스트 코로나19 운용 전략의 기본 방향, 비전 및 목표는 〈표 4-15〉와 같다. KOICA와 마찬가지로 EDCF 역시 〈표 4-16〉과 같은 포스트 코로나19 4대 주요 추진전략을 수립해 대개발도상국 코로나19 관련 유상원조를 제공하고자 한다.

EDCF는 2020년 6월을 기준으로 약 4억 달러 이상의 프로그램 차관

<표 4-15> 한국 EDCF 포스트 코로나19 운용 전략의 기본 방향, 비전 및 목표

기본 방향	- 전 세계 경제·보건위기에 따라 개발수요가 높아진 분야를 중심으로 EDCF를 체계적·중점적으로 지원 - 국내외 어려운 시기에 세계 선도자로서 국제사회의 지속가능 발전에 기여하고 경제적 성과를 창출해 국가 위상 제고
비전	- EDCF의 지원 분야·방식·체계 고도화를 통한 개발도상국의 지속가능한 발전 도모
목표	- 2021~2023년 간 EDCF 10.8조 원 승인 추진

자료: 기획재정부(2021)를 바탕으로 필자 재구성

<표 4-16> 한국 EDCF의 포스트 코로나19 4대 주요 추진전략

주요 추진전략	관련 분야	주요 사업 내용
그린·디지털 EDCF	한국판 뉴딜 관련 분야	- EDCF 그린 지표 개발 및 시범적용 - 환경 등 세이프가드 기준 강화 - 스마트시티 해외 진출 활성화 - 한국형 디지털 정부 확산 촉진
보건 EDCF	글로벌 팬데믹 대응	- 보건 EDCF 사업 지원 확대 - 긴급재난대응차관 등 차관절차 단축
지원방식 다변화	민관협력사업(PPP)과 협조융자	- 사업 유형별 전략적 활용 - 섹터(분야) 중심 역량 강화 - MDB 협조융자 등 국제기구 협력 확대
추진체계 정비	포스트 코로나 환경 대응	- 비대면 업무 시스템 구축 - 현지 사무소 기능 강화 - 기본약정(F/A) 대형화

자료: 기획재정부(2021)를 바탕으로 필자 재구성

을 제공해 해당 개발도상국 내 의료기자재를 신속하게 지원할 수 있도록 했다. 그 외에도 EDCF는 코로나19로 인해 경제적 피해를 심각하게 겪고 있는 지역 내 국가들을 대상으로 아프리카개발은행(Africa Development Bank: AfDB) 및 IDB와 함께 보건 및 경제 분야에 대한 프로그램 차관을 제공하기도 했다. 또한 2020년 4월 개최된 G20 재무장관 회의를 통해 합의된 저소득국 채무 상환 유예에 참여했으며 27개국을 대상

〈표 4-17〉 한국 EDCF의 코로나19 관련 승인 사업(단위: 100만 달러)

국가명	사업명	금액	내용
필리핀	코로나19 대응 프로그램 차관	100	보건의료 인프라 확충 등
캄보디아	코로나19 대응 프로그램 차관	50	긴급재난본부 설치 등
몽골	국립의료원(기승인) 기자재 공급	4.1	산소호흡기 등 방역물품
파라과이	코로나19 대응 프로그램 차관	50	IDB 협조융자
에티오피아	의료기자재 공급차관	30	진단장비, 인공호흡기 등
에티오피아	코로나19 대응 프로그램 차관	40	아프리카개발은행 협조융자
가나	코로나19 대응 프로그램 차관	30	아프리카개발은행 협조융자
가나	의료기자재 공급차관	30	진단장비, 인공호흡기 등
탄자니아	코로나19 대응 프로그램 차관	40	아프리카개발은행 협조융자
탄자니아	무힘빌리 병원(기승인) 기자재 공급	0.5	방호복 2만 벌 공급
방글라데시	코로나19 대응 프로그램 차관	50	감염병 대응 조직체계 구축 등
중미 5개국	코로나19 대응 국제개발금융기구(CABEI) 앞 차관(전대방식 차관)	50	보건의료 환경 및 체계 구축 등

자료: 기획재정부(2021)

으로 총 693억 원 규모의 채무에 대해 향후 4년간 상환을 유예해 주기로 했다. 코로나19와 관련된 EDCF의 승인 완료 사업은 〈표 4-17〉과 같다.

4) 대중남미 코로나19 지원정책

한국의 대중남미 코로나19 지원 중 무상원조 지원인 ABC 프로그램은 페루, 파라과이, 콜롬비아, 엘살바도르, 에콰도르, 볼리비아, 도미니카공화국, 과테말라 총 8개국을 대상으로 이루어지고 있다. 각 국가별 KOICA의 ABC 프로그램 지원 현황 및 사업 사례는 〈표 4-18〉과 같다.

EDCF의 경우, 앞에서 언급한 보건 및 경제 관련 프로그램 차관을 파라과이에 제공했고, 중미 5개국을 대상으로 코로나19 대응 국제개발

국가명	지원 예산 규모(달러)	수혜자 (명)	사업 (건)	지원 사업 사례
페루	1,086,293	79,477	13	- 한국 정부 발간 코로나19 주요 정책 자료집 스페인어 번역 및 주재국 내 확산 - 취약계층 긴급식량 지원 및 '커뮤니티 키친' 사업 진행 - 연수생 동창회 연계 식료품 및 마스크 지원 - 연수생 동창회 연계 열화상 카메라 기증 - 병원별 방역용품 지원 및 의료진 화상회의 개최
파라과이	574,521	594,159	8	- 디지털 트랜스포메이션을 통한 민관협력사업 코로나19 대응 - 림피오시 지역보건 개선 - 연수생 동창회 방역물품 지원 활동 - 산페드로 병원 방역용품 지원 및 보건교육 실시 - 문화예술계 취약계층 지원
콜롬비아	3,635,708	177,985	6	- 엔가티바 병원에 코로나19 집중치료시설 지원 - 코로나19 인도적 지원 긴급 대응 지원 - 지역사회에 코로나19 대응 물품 지원
엘살바도르	931,105	627,945	9	- 동부건조지역 수계 복원력 증대를 통한 기후변화대응사업 연 계 코로나19 식량위기 대응 지원 - 워크스루 진단부스 지원 - 국별협력사업 연계 방역물품 지원 - 민관협력사업 연계 방역물품 지원 - 연수생 동창회 협력 취약지역 방역물품 지원
에콰도르	741,830	53,884	5	- 코로나19 지정 국립병원 9개소에 음압캐리어 11대 지원 - 코로나19 대응병원 긴급 의료용품 지원 - 취약계층 생필품 및 위생물품 지원 - 방역 관련 공무원 대상 마스크 지원 - 국립 의과대학 방역물품 지원
볼리비아	1,530,962	162,930	6	- 볼리비아 정부 코로나19 대응 역량 강화 지원 - 코로나19 극복을 위한 희망 가득 긴급생필품 지원 - 코로나19 대응을 위한 RNA 키트 기증 - 음압캐리어 지원 - 코로나19 진단키트 지원
도미니카 공화국	804,451	78,024	8	- 코로나19 긴급지원을 통한 미성년 임신방지 활동 지속·생계 형 빈곤층 및 청소년 지원 - 취약계층 청소년 대상 방역 및 위생 물품 지원 - 연수생 동창회와 연계해 고위험 임산부 및 병원의료진 지원 - 연수생 동창회와 연계해 장애아동 원격교육 지원 - 워크스루 진단부스 및 진단키트 지원
과테말라	927,853	369,659	6	- PCR 진단키트 제공 - 경찰청 대상 방역물품 지원 - 커피농가 대상 긴급 식량 지원 - 소규모 농가 대상 판로 확대 지원 - 취약계층 대상 방역물품 지원

자료: 한국국제협력단(2020)을 바탕으로 필자 작성

금융기구의 차관을 승인했다. 이 중 파라과이 프로그램 차관은 EDCF의 포스트 코로나19 4대 주요 추진전략 중 '보건 EDCF' 사업의 일환이며 2020년 5월 기준 약 0.5억 달러의 승인액을 바탕으로 긴급재난본부 설치 등을 지원했다.

7. 소결

이 장에서는 미국, 독일, 프랑스, 스페인, 영국, 한국과 같은 공여국의 대중남미 코로나19 대응 원조에 대해 알아보았다. 이 장의 서론에서는 중남미 지역에 대한 국제사회의 향후 코로나19 지원은 주로 의료체계 강화와 식량 지원을 포함한 경제적 지원 분야로 집중되고 그동안 하향추세를 보여왔던 ODA의 규모가 확대될 것으로 전망된다고 언급한 바 있다.

이와 관련해 각 공여국별로 살펴볼 때, 이 장에서 분석한 6개의 공여국 모두 대중남미 지원 규모를 확대하고 있다는 것을 알 수 있었다. 이는 코로나19의 경제적 피해가 가장 크게 나타나고 있는 지역이 중남미 지역이라는 국제적 평가에 입각한 것이며, 이 지역 내 코로나19의 확산 방지 및 피해에 대한 복구, 그리고 경제적 복구에 기여하기 위한 공여국의 결속을 보여주는 것이라고 평가된다.

이처럼 국제적인 분석과 동일하게, 앞에서 언급한 6개 공여국은 보건 및 경제 분야에 대해 집중적으로 ODA 지원을 하고 있음을 명확하게 파악할 수 있었다. 또한 대중남미 코로나19 대응에서 모든 공여국이 양자적 접근과 다자적 접근을 활용하고 있음을 확인할 수 있었다.

다만, 스페인과 영국 같은 국가는 양자 지원보다 다자 지원이 강세인 특징을 보이고 있다. 그 외 독일의 경우에는 중남미 지역에서 특히 여성 및 소녀 인구에서 코로나19의 피해 규모가 크다는 점을 감안해 이들을 위한 별도의 전략을 수립했다는 점에서 다른 공여국과 차이가 난다. 한편 프랑스, 스페인, 한국은 공통적으로 취약계층 또는 취약 지역사회에 대한 지원을 별도로 제공하고 있다는 사실을 확인할 수 있었다. 공여국 간 또 다른 차이점은 개발금융기관, 즉 DFI의 존재 여부이다. 특히 SDGs 시대에 개발도상국 내에 공여국 민간재원 투입이 확대된 것과 관련해 DFI의 역할이 부상되고 있는 시점에서 모든 선진공여국은 이미 오래전부터 DFI를 운영하고 있었으나, 한국만 유일하게 DFI가 존재하지 않았다는 사실을 확인할 수 있었다. 따라서 원조기관뿐 아니라 DFI 기관까지 코로나19 대응에 대한 지원에 나서고 있는 다른 공여국들과 달리 한국은 원조기관만 코로나19 지원을 제공하는 특징을 보이고 있다.

한편, 국제사회의 대중남미 코로나19 대응 원조정책이 변화하는 과정에서 ODA 지원이 보건의료, 식량, 경제와 같은 일부 분야에 집중되는 현상이 야기되면서 국제사회의 SDGs 달성을 위한 공동의 노력이 저해되지 않을까 하는 우려가 나타나고 있는 것도 사실이다. 국제사회는 2016년부터 MDGs의 경험을 바탕으로 공여국, 공여기관, 개발도상국, NGOs, 민간기업 등 다양한 이해관계자를 아우르고 있으며, 정치,

경제, 사회, 환경, 평화 등 다양한 영역의 관점에서 모든 인류를 포괄하는(leave no one behind) SDGs를 달성하기 위한 공동의 노력에 박차를 가하고 있었다. 그러나 2019년 코로나19가 발생하면서 불과 3년여 만에 SDGs 이행에 대한 모멘텀이 급격히 사라질 가능성이 예측되고 있다. 따라서 백신 보급이 일반화되고 코로나19 확산 속도가 완만해지면 국제사회가 SDGs에 대한 이행을 코로나19 발생 이전 시점과 같이 지속할 수 있을지, 아니면 코로나19로 인해 원조지원의 방향을 새로운 경로로 재설정할 것인지는 향후 국제사회가 공동 발전하는 데서 중요한 요인이 될 것으로 전망된다.

마지막으로 코로나19 이전에도 SDGs를 달성하기 위해서는 수조 달러에 이르는 막대한 재원이 필요하다는 분석이 있었는데 코로나19로 인해 전 세계 경제가 후퇴한 상황에서는 이보다 더 높은 수준의 재원이 필요할 것으로 보인다. 따라서 국제사회에서는 공적 재원을 동원하는 것을 넘어서서 민간재원을 충분히 확보하는 일이 더욱 중요해질 것이다. 역설적으로 이러한 재원 충원의 현실적인 문제로 인해 SDGs 17개 목표를 달성하는 것보다 국가별 및 지역별로 선택과 집중을 해야 하는 상황에 대한 준비가 필요해졌다.

참고문헌

기획재정부. 2021. 『Post-코로나 EDCF 운용 전략: '21~'23 EDCF 중기운용전략. 기금운용위원회 ①호 안건(의결)』.

김영철·이태혁. 2020. 『포스트 코로나 시대의 한-SICA 협력 방안 연구』. 서울: 외교부.

유웅조. 2014. 「미국 대외원조정책 현황 및 특징과 시사점」. ≪한국의 개발협력≫, 2014호, 69~84쪽.

임소진. 2013. 『공여국의 개발도상국 정부 역량개발 지원체제』. 성남: 한국국제협력단.

_____. 2016. 『2016 대선 이후 미국 대외원조 전망』. 개발협력 Issue Brief. 서울: 한국수출입은행.

_____. 2017. 「원조형태에 따른 원조동기와 국익 연계 패턴 분석 : 한국, 일본, 독일, 프랑스 사례를 중심으로」. ≪국가전략≫, 23호(1), 87~106쪽.

정상희. 2018. 『중남미 국제개발협력 입문(개정판)』. 대구: 계명대학교 출판부.

조은진. 2019. 『미국 국제개발금융공사(DFC) 설립 의의와 전망』. EDCF 국제개발협력 단신. 서울: 한국수출입은행.

한국국제협력단. 2020. 『ABC 프로그램』. 성남: 한국국제협력단.

홍은경 외. 2018. 『2018 주요 공여국의 원조 현황 및 실시체계』. 성남: 한국국제협력단.

Adams, Francis. 2015. *Bilateral Aid to Latin America: Foreign Economic Assistance from Major Donor Nations*. New York: Cambria Press.

AECID. 2020a. *El Consejo de Ministros autoriza seisoperaciones del FONPRODE paraproyectos de desarrollo* (2020.7.21). http://www.exteriores.gob.es/Portal/es/SalaDePrensa/NotasDePrensa/Paginas/2020_NOTAS_P/20200721_NOTA119.aspx(검색일: 2021.1.4).

_____. 2020b. *España refuerza su compromiso con el multilateralismo en el contexto de la COVID-19 con destacadas contribuciones de la AECID a organismos internacionales* (2020.7.21). https://www.aecid.es/ES/Paginas/Sala%20de%20Prensa/Noticias/2020/2020_07/21_estrategiacovid.aspx(검색일: 2021.1.4).

_____. 2020c. *La Cooperación Española lucha contra el Covid19 en todo el mundo* (2020.3.26). https://www.aecid.es/ES/Paginas/Sala%20de%20Prensa/Noticias/2020/2020_03/25_comparecencia.aspx(검색일: 2021.1.4).

AFD. 2020. *AFD's Response to the Covid-19 Crisis* (2020.5.14). https://www.afd.fr/en/actualites/afds-response-covid-19-crisis(검색일: 2021.1.4).

BBC. 2020. *Coronavirus: UK Foreign Aid Spending Cut by £2.9bn Amid Economic Downturn* (2020.7.23). https://www.bbc.co.uk/news/uk-politics-53508933(검

색일: 2021.1.4).

BMZ. 2020a. *Emergency COVID-19 Support Programme: We will Either Beat COVID-19 Worldwide or Not At All.*

_____. 2020b. *German Team of Experts Assists Per*u. https://www.bmz.de/en/press/aktuelleMeldungen/2020/juni/200623_pm_032_German-team-of-experts-assists-Peru-in-COVID-19-crisis/index.html(검색일: 2021.1.4).

Bond. 2020. *How UK Aid Is Being Used to Combat the Covid-19 Pandemic* (2020.4.17). https://www.bond.org.uk/resources/how-uk-aid-is-being-used-to-combat-the-covid-19-pandemic(검색일: 2021.1.4).

Cataldo, Mariangela. 2018. *Update on National/Bilateral ODA: France, Germany, Italy, Netherlands, Norway, Sweden, Switzerland and United Kingdom, European Space Agency.*

Crown. 2020. Official *Development Assistance (ODA) Spending for 2020: First Secretary of State's Letter, Policy Paper.* London: National Archives.

Development Initiatives. 2021. ODA in 2020: What Does OECD DAC Preliminary Data Tell Us? Bristol: Development Initiatives.

Dickson, Anna. 2020. S*pending Review: Reducing the 0.7% Aid Commitment, UK Parliament, House of Common Library* (2020.11.26). https://commonslibrary.parliament.uk/spending-review-reducing-the-aid-commitment/(검색일: 2021.1.4).

ECLAC. 2021. *Preliminary Overview of the Economies of Latin America and the Caribbean 2020 (LC/PUB.2020/17-P/Rev.1).* Santiago: ECLAC.

FCDO. 2021. *UK meets £250m match aid target into COVAX, the global vaccines facility* (2021.1.12). https://www.gov.uk/government/news/uk-raises-1bn-so-vulnerable-countries-can-get-vaccine(검색일: 2021.1.14).

German Federal Foreign Office. 2019. *At the Latin America-Caribbean Conference in the Federal Foreign Office on 28 May, Foreign Minister Maas Met Up with Numerous Foreign Ministers from Latin America and the Caribbean to Launch the Latin America and Caribbean Initiative* (2019.5.24). https://www.auswaertiges-amt.de/en/aussenpolitik/regionaleschwerpunkte/lateinamerika/latin-america-caribbean-conference-berlin-/2220382(검색일: 2021.1.4).

_____. 2020. *Working Together to Tackle COVID-19: Support for Latin America and the Caribbean* (2020.9.24). https://www.auswaertiges-amt.de/en/aussenpolitik/regionaleschwerpunkte/lateinamerika/support-latin-america-caribbean/2397608(검색일: 2021.1.4).

La Moncloa. 2020. *Spain defends key role of Official Development Assistance to*

tackle COVID-19 crisis to OECD (2020.11.10). https://www.lamoncloa.gob.
es/lang/en/gobierno/news/Paginas/2020/20201110aod-covid.aspx(검색일:
2021.1.4).

Lim, Sojin. 2019., "Determinants of Aid Modalities: A Case of South Korea on
Triangular Cooperation and Its Implication Toward North Korea." *North
Korean Review*, Vol. 15, No. 1, pp. 73~93.

MAEUEC. 2020a. *El Consejo de Ministros autoriza seis operaciones del FONPRODE
para proyectos de desarrollo* (2020.7.21). http://www.exteriores.gob.es/
Portal/es/SalaDePrensa/NotasDePrensa/Paginas/2020_NOTAS_P/202007
21_NOTA119.aspx(검색일: 2021.1.4).

_____. 2020b. *España refuerza su compromiso con el multilateralismo en el
contexto de la COVID-19 con destacadas contribuciones de la AECID a
Organismos Internacionales* (2020.7.21). http://www.exteriores.gob.es/
Portal/es/SalaDePrensa/NotasDePrensa/Paginas/2020_NOTAS_P/202007
21_NOTA118.aspx(검색일: 2021.1.4).

MEAE. 2020. *France Launches, via AFD, The "Covid-19 – Health in Common"
Initiative to Support African Countries* (2020.4.9). https://www.diplo
matie.gouv.fr/en/french-foreign-policy/development-assistance/news/
2020/article/france-launches-via-afd-the-covid-19-health-in-common-i
nitiative-to-support(검색일: 2021.1.4).

_____. 2021. *France's Bilateral support to Latin America and the Caribbean in
response to COVID-19*, https://www.diplomatie.gouv.fr/en/coming-to-
france/coronavirus-advice-for-foreign-nationals-in-france/coronavirus
-statements/article/france-s-bilateral-support-to-latin-america-and-the
-caribbean-in-response-to(검색일: 2021.1.4).

Meyer, Pater J. and Rachel L. Martin. 2021. *US Foreign Assistance to Latin America
and the Caribbean: FY2021 Appropriations*, Congressional Research
Service R46514.

OECD. 2019. *Development Aid at A Glance: Statistics by Region, 3. America, 2019
Edition*. Paris: OECD.

_____. 2020. *Six Decades of ODA: Insights and Outlook in the COVID-19 Crisis*, OECD
Development Co-operation Profiles 2020. Paris: OECD.

PAHO. 2020. *The United Kingdom Contributes $3.8m for COVID-19 Response in the
Caribbean* (2020.5.22). https://www.paho.org/en/news/22-5-2020-united-
kingdom-contributes-38m-covid-19-response-caribbean(검색일: 2021.1.4).

Reuters. 2021. *North Korea to receive nearly 2 million AstraZeneca vaccine doses in
H1 – interim report* (2021.2.4). https://www.reuters.com/article/us-health-

coronavirus-vaccines-northkore-idUSKBN2A40PH(검색일: 2021.2.4).

USAID. 2020a. *America Acts: Committed to a Healthier World, Novel Coronavirus (COVID-19)*(2020.9.2). https://www.usaid.gov/coronavirus(검색일: 2021.1.4).

_____. 2020b. *COVID-19 Global Response: Fact Sheet #1, Fiscal Year (FY) 2020*(2020. 4.21).

_____. 2020c. *COVID-19 Global Response: Fact Sheet #2, Fiscal Year (FY) 2020*(2020. 5.5).

_____. 2020d. *COVID-19 Global Response: Fact Sheet #9, Fiscal Year (FY) 2020*(2020. 9.9).

USDoS and USAID. 2020. *Report to the Pademic Response Accountability Committee on the Use of Covered Funds Section 15011(b)(1)(B) of the Coronavirus Aid, Relief, and Economic Security Act (P.L. 116-136), unclassified.*

Worley, William. 2020. *UK's Use of Aid for COVID-19 Tools Could Breach International Rules, Politicians Say*, Devex (2020.11.13). https://www.devex. com/news/uk-s-use-of-aid-for-covid-19-tools-could-breach-internatio nal-rules-politicians-say-98537(검색일: 2021.1.4).

제5장

/

코로나19 이후 국제개발협력의 새로운 지원 방향

SDGs를 수립한 이후 국제개발협력 체제는 다변화되었다. 공여국과 수원국이라는 이분화된 행위주체와 관련해 변화가 나타났으며, 국제 사회에서 '핵심국'으로 불리며 기존 서구국가들을 중심으로 하던 국제 개발협력 체제에서 신흥 공여국, 민간재단, 기업과 같은 새로운 행위 주체의 역할이 확대되고 있다.

한편, 개발도상국의 다양성도 확대되었다. 따라서 기존에 사용되던 '남북격차'라는 용어의 의미가 퇴색되고 있다. 즉, 선진국과 개발도상 국으로 구분하는 이분법적인 틀 내에서 성장, 국민소득, 생산수준 같 은 양적인 성격의 기준을 통해 개발의 개념이 정의되어 왔으나, MDGs 에서는 '개발'의 의미가 인간 중심으로 변화했다(Keijzer, Krätke and van Seters, 2013: 2). 이러한 상황에서 개발도상국을 '남'으로 단순화해서 지칭하던 용어들은 그 의미를 상실하고 있다. 이처럼 양적·질적인 측면의 다양한 기준을 통해 개발도상국을 구분할 수 있으며 '개발도상국'으로 불리는 범주 내의 국가들이 다양해지고 있다.

중남미 국가인 멕시코, 브라질, 콜롬비아, 쿠바 등은 지금까지 국제개발협력의 영역에서 개발도상국으로 분류되는 OECD DAC의 수원국 리스트에 속했으나, 이제는 신흥 공여국으로서의 역할을 확대하고 있다. 이처럼 중남미 국가들은 개발도상국과 개발도상국 간의 협력 형태인 남남협력과 개발도상국-전통 공여국-중소득국이 행위주체로 참여하는 삼각협력과 같은 새로운 지원방식을 활성화하고 있다. 이는 국제개발협력에서 기존 '공여국'과 '수원국'이라는 이분법적인 개념을 넘어선 형태이다. 이처럼 기존의 정의에 따라 남북협력으로 볼 수 있는 개발협력의 전통적인 구도에서 탈피해 다양한 행위주체가 참여하는 남남협력과 삼각협력이 확대되고 있다.

앞에서 언급한 것처럼, 개발의 개념과 관련된 담론 및 시각은 변화하고 있다. 이러한 변화된 개념은 MDGs의 목표에 이미 반영되었으며 이에 따라 전반적인 개발협력의 정책 방향도 변화했다. 즉, 경제적·양적 성장이 아닌 '인간개발'의 개념으로서 인간의 삶의 질에 영향을 미치는 보건, 교육 등 사회 분야의 지표가 개발을 측정하는 기준으로 고려된 것이다. 오늘날에는 개발의 개념이 환경의 피해를 최소화하는 '지속가능한 개발'로까지 발전했다.

개발의 개념이 변화했음에도 불구하고 아직까지 수원국을 구분하는 기준은 1인당 국민총소득(GNI)이라는 경제적인 측면의 지표이다.

이처럼 국제사회는 양적 성장을 의미하는 지표를 기준으로 수원국의 경제·사회의 개발 정도를 구분하고 있으며 이를 토대로 국제개발협력을 지원해 왔다. 따라서 공여국들의 지원 추이에 따라 '중소득국의 대륙'으로 불리는 중남미 지역에 대한 전반적인 지원은 감소해 왔다.

OECD DAC의 수원국 리스트에 따르면(OECD, 2021), 저소득국은 총 47개국이며 중소득국은 95개국으로, 현재 중소득국의 수는 저소득국보다 많아졌다. 이는 경제적인 측면에 초점을 두고 국가를 구분하는 기존의 시각이 변화할 필요가 있다는 것을 의미한다. 즉, 전 세계적인 차원에서 극빈곤 계층에 속하는 인구는 감소해 왔으며, 실례로 1990년대에는 극빈곤 계층의 94%가 저소득국에 거주했으나 현재는 이러한 인구의 40~60%가 중소득국에 거주하고 있다(Alonso, 2014). 이처럼 중소득국에 속한다는 이유로 공여국의 지원이 감소해 왔으나 새로운 기준과 시각으로 중소득국을 고려할 필요성이 대두되고 있다.

세계화가 심화되면서 글로벌 과제는 국제관계에서 중요한 의제로 대두했다. 이에 따라 SDGs에서 대표적인 글로벌 과제인 환경 분야의 목표는 세분화되어 다루어졌다. SDGs를 구성하고 있는 분야별 목표를 통해 국제개발협력은 개발도상국의 경제적·사회적 개발을 위한 수단뿐 아니라 전 세계의 공통과제로 볼 수 있는 글로벌 과제를 해결하기 위한 수단으로도 대두되었다는 것을 알 수 있다. 물론 코로나19의 발생으로 국가 간 상호이동이 통제되고 국가주의가 새롭게 대두되면서 국제사회에서 가속화되고 있던 세계화가 잠시나마 후퇴하는 경향을 보이고 있다. 그러나 다른 한편 코로나19로 인해 국제사회에서 글로벌 과제가 중요하다는 사실과 이를 해결하기 위한 국가 간 연대와 협력이 필요하다는 사실을 재인식하는 계기가 마련되고 있다.

국제개발협력 체제의 변화는 이미 이루어져 왔으나 코로나19로 인해 이러한 변화가 가속화될 전망이다. 실례로 전통적인 국제개발협력 체제에서 수원국 또는 남남협력을 지원하면서 '신흥 공여국'의 역할을 담당했던 중국은 초기 코로나19로 인해 위기 상황에 처했으나 이후 이를 만회했으며, EU의 국가를 포함한 전통적인 선진 공여국들에게 위생물품과 방역물품을 지원하기도 했다. 이러한 상황에서 중국으로부터 지원을 받은 EU의 국가들을 지칭하는 '선진개발도상국'이라는 용어도 등장했다.

OECD DAC의 파리선언을 계기로 중남미 국가들에 대한 전통적인 공여국의 지원이 감소되었으나 코로나19로 인해 심각한 경제적·사회적 타격을 입었으므로 향후 이러한 위기상황을 극복하기 위해 공여국들의 지원이 확대될 필요성이 대두되고 있다.

1. 중소득국의 대륙으로서의 중남미에 대한 국제사회의 지원 방향

원조효과성을 강조한 파리선언을 계기로 공여국들은 '선택과 집중'이라는 전략에 따라 자국의 중점 협력국 수를 줄이고 중소득국보다 취약국이나 저소득국을 주요 협력국으로 고려하는 변화된 정책을 추진해 왔다. 그 결과 2000년대에 중소득국을 대상으로 하는 공적개발원조

〈표 5-1〉 OECD 국가의 DAC 국가에 대한 양자 및 다자 지원 비율

국가명	1998~1999년		2008~2009년	
	최빈국+저소득국	저중소득국+고중소득국	최빈국+저소득국	저중소득국+고중소득국
DAC 회원국	42.5%	54.9%	57.8%	42.2%
DAC 유럽국가	49.9%	50.2%	55.5%	44.5%
프랑스	46.6%	53.5%	50.1%	49.8%
독일	42.9%	57.1%	46.5%	53.4%
네덜란드	53%	46.9%	67.5%	32.4%
스페인	31.3%	68.7%	43%	57%
영국	53.9%	46%	65.6%	34.4%
캐나다	54.7%	45.3%	71.7%	28.4%
일본	33.7%	66.3%	66.1%	33.9%
노르웨이	57%	43%	70.6%	29.4%
미국	41.7%	58.3%	56.6%	43.4%

자료: Milesi(2016)

(ODA)의 비중이 감소해 왔다. 따라서 〈표 5-1〉에서 보는 것처럼, 1998 ~1999년과 2008~2009년 DAC 공여국의 최빈국과 저소득국에 대한 지원 비율은 43%에서 58%로 증가했으며, 중소득국을 대상으로 하는 원조 비율은 55%에서 42%로 감소했다. 이러한 추이는 DAC 회원국뿐 아니라 유럽국가 등에서 전반적으로 나타나고 있는 특성이며, 특히 네덜란드, 영국, 캐나다, 일본, 노르웨이에서 이러한 추세가 두드러지게 나타나고 있다. DAC 공여국 중 중소득국에 대한 비중이 높은 국가는 스페인이다. 앞에서 언급한 것처럼 스페인의 중점 협력 지역에는 중남미 국가들이 다수 포함되어 있는데, 이는 스페인의 지원 특성에 영향을 준 요인으로 볼 수 있다.

중소득국의 범주는 다양하다. 중소득국은 소득 수준으로 볼 때 동일

한 그룹에 속하지만 국가별로 개발 상황이 상이하며, 국민총소득(GNI)이라는 경제적 지표의 이면에는 국가 내에서 발생하는 불평등, 인종별·지역별 격차, 자원이나 외부재원에 대한 높은 의존성, 낮은 생산성과 교육의 질, 취약한 거버넌스, 환경과 기후변화 같은 다양한 구조적인 문제들이 존재하고 있다.

실례로 코로나19로 인해 중소득국에 속하는 중남미 지역에서는 경제의 비공식성, 빈부격차, 취약한 정부의 거버넌스, 의료체계의 문제점과 같은 다양한 구조적인 문제점이 가시화되었다.

2015년 기준 중소득국의 숫자는 105개국으로 세계 인구의 70%를 차지하며, 중소득국은 세계 GDP의 30% 이상, 세계 빈곤층의 75% 이상을 차지하는데, 대부분의 개발도상국은 중소득국의 범주에 속한다. 이는 개발협력과 SDGs의 달성을 위해 중소득국을 포함할 필요가 있음을 의미한다(고요한 외, 2019: 5). 이처럼 국제사회에서 중소득국이 다수를 차지하는 상황에서 '개발전환기' 또는 '전환기의 개발(Development in Transition)'이라는 개념이 다루어지고 있는데, 이는 개발도상국을 판단할 때 소득 증가가 아닌 개발을 다양한 시각으로 접근할 필요가 있으며 중소득국으로서 개발전환기에 있는 국가를 어떻게 지원할 것인가에 대한 논의가 이루어지고 있다는 것을 의미한다(고요한 외, 2019).

중남미는 대표적인 중소득국의 대륙이다. 특히 스페인을 포함한 유럽 국가들에게 중남미는 과거 식민관계였던 지역이라서 유럽의 주요 국가들은 중남미에 대한 지원을 지속하고 있다. 1988~1989년, 1998~1999년, 2008~2009년 이루어진 지원 추이에서 볼 수 있는 것처럼, 유

<표 5-2> EU 국가 및 OECD DAC 국가의 중남미 지원 비율

	1988~1989년		1998~1999년		2008~2009년	
	EU	OECD DAC	EU	OECD DAC	EU	OECD DAC
중남미 지원 비율	9.8%	10.7%	11.4%	12.2%	8.6%	8%

자료: Milesi(2016)

럽의 국가들은 파리선언 이후에도 DAC 공여국과 비교할 때 중남미 국가에 대한 지원을 비교적 지속하고 있다.

아이티를 제외한 대부분의 중남미 국가들은 중소득국이며, 특히 5개의 중하위 소득국을 제외하면 대부분의 국가가 중상위 소득국에 해당된다. 칠레와 우루과이는 2017년 DAC 수원국 리스트에서 졸업한 국가이며 파나마와 앤티가 바부다는 2022년 졸업 예정국에 속한다.

앞에서 언급한 것처럼 기존 중남미의 주요 공여국들은 중남미에 대한 지원을 줄여나가는 대신 개발협력뿐 아니라 외교, 무역과 같은 다부문에서의 협력을 고려한 포괄적인 성격의 지원을 지속하고 있으며, 원조효과성에 초점을 두고 전략적인 시각에서 중남미 지역에 접근하고 있다. 또한 자국의 중점 협력국으로부터 제외하면서 출구전략을 수립하기 위한 국가로 선정하고 양자보다 다자 차원에서 원조공여국 협의체 및 국제기구와의 협력을 강화하는 형태로 지원을 지속했다. 이는 2000년대 중남미 지역에서 중상위소득국이 증가하고 지역 내 빈곤비율과 소득격차가 줄어들면서 중산층이 증가하는 경향을 보여왔기 때문이다.

또한 중남미 지역 차원에서 중남미 국가들 간의 협력이자 '동료 간

<표 5-3> 중남미 ODA 수원국(2021)

소득에 따른 국가 분류	1인당 GNI	해당 국가
저소득국(LDC)		아이티
중하위소득국가(LMICs)	1,006~ 3,955달러	과테말라, 니카라과, 볼리비아, 엘살바도르, 온두라스
중상위소득국가(UMICs)	3,956~ 12,235달러	그레나다, 도미니카, 가이아나, 도미니카공화국, 멕시코, 벨리즈, 브라질, 세인트루시아, 세인트빈센트그레나딘, 베네수엘라, 수리남, 아르헨티나, 앤티가 바부다,* 에콰도르, 자메이카, 코스타리카, 콜롬비아, 쿠바, 파나마,* 페루, 파라과이

* 앤티가 바부다와 파나마는 2022년 1월 졸업 예정국임
자료: OECD(2021)

협력'으로 볼 수 있는 남남협력이 비교적 활발히 이루어졌으며, 공여국들은 멕시코, 브라질, 칠레, 콜롬비아 등 신흥 공여국과의 협력을 통한 삼각협력 지원을 확대했다. 이러한 남남협력과 삼각협력은 개발도상국의 참여를 활성화하고 기술협력의 형태를 강화할 수 있다. 즉, 중소득국을 참여시킴으로써 선진국과 개발도상국 간의 기술적인 격차를 줄일 수 있으며 선진국 중심의 시각과 접근방식을 극복하고 중소득국과의 새로운 협력방안을 모색할 수 있다. 물론 이러한 새로운 지원형태와 관련해 중소득국이라는 행위주체가 참여함으로써 사업의 수행절차가 복잡해지고 행정비용과 시간이 더 많이 소요될 수 있다는 비판도 있으나 기존의 공여국-수원국 간의 협력체계를 새롭게 변화시킬 수 있다는 측면에서 잠재성 있는 지원방식으로 평가받고 있다.

코로나19를 계기로 국제개발협력은 글로벌 과제를 해결하기 위한 수단으로 더욱 강조될 필요가 있다. 이러한 맥락에서 국제개발협력은 수원국의 경제적·사회적 개발을 지원한다는 기존의 '개발협력'이라는

제한된 개념에서 벗어나 '국제협력'이라는 광의적인 틀 내에서 정의되고 있으며, 이러한 추세는 향후 더욱 강화될 것으로 전망되고 있다.

중남미 국가들은 SDGs 체제와 코로나19를 계기로 '포용적 성장'을 강조하고 있다. 특히 코로나19로 인한 취약계층의 의료보건과 건강권이 논의되고 있으며, 교육의 질과 디지털기술의 활용이 강조되고 있다. 또한 노동시장에서 비공식성을 줄이기 위한 구조적인 개혁과 취약계층을 대상으로 하는 보편적인 성격의 사회정책이 논의되고 있다. 한편 중소득국의 일반적인 문제로 볼 수 있는 거버넌스의 개선과 생산적인 변혁도 추구되고 있다.

4장에서 공여국의 지원정책과 추이를 다루면서 언급했던 것처럼, 주요 공여국들은 코로나19로 인해 타격을 받았으나 개발도상국을 대상으로 긴급보건기금(emergency health funding) 등의 형태로 코로나19에 대응하기 위한 예산 계획을 수립하고 있다.

미국은 '코로나19의 예방, 대비, 대응을 위한 대개발도상국 추가지원 전략(Strategy for Supplemental Funding to Prevent, Prepare for, and Respond to Coronavirus Abroad)'을 수립했다. 이를 통해 미국은 해외 거주 미국 시민을 보호하고 해외업무를 지속하면서 효과적인 정보의 교류를 지원하고 있다. 미국은 코로나19와 관련된 의료제도 개선, 인도적 지원, 경제, 안보, 안정과 같은 거버넌스를 중심으로 2020년 5월부터 9월까지 관련 예산을 두 배 증액했다. 또한 수원국별 역량과 수요에 대응하면서 다자기구, 비정부기구 및 민간 부문과의 협력을 강조하고 있다. 미국의 중남미 국가에 대한 지원 규모는 작은 편이나, 과테말라 국립병원에서 실시하는 감염 방지 및 통제 교육 프로그램을 위해 존스홉킨스 대학교의 교육 프로그램에 대한 원조를 제공했다. 한편, 아이티와 엘살바도르에서는 UNICEF, 세이브더칠드런(Save the Children)과의 협력을 통해 손소독제 보급 사업을 진행했으며, 자메이카에서는 취약청년, 가정과 지역사회, 미소금융 스타트업을 위한 재정지원 사업을 실시했다.

독일은 '코로나19 긴급지원 프로그램'을 발표했다. 독일은 이를 통해 보건과 유행성 질병의 통제, 식량 안보 및 기근 방지를 위한 기초적인 식량 지원, 난민 취약지역의 안정화, 사회보호 및 글로벌 공급망 내 일자리 보장, 의류 및 관광 등 주요 산업에 추가적으로 지원하는 한편 정부의 재정적 지원과 국제협력 같은 7대 산업을 추진할 계획이다. 독일의 추가적인 예산 규모는 기존 예산의 두 배 이상이다. 특히 독일은 WHO 및 GAVI와의 협력을 통해 개발도상국의 코로나19 대응을 지원함으로써 중남미에 대해 보건 전문성 개선, 코로나19 피해 여성 및 소녀에 대한 지원, 코로나19로 인한 경제적 영향 완화에 노력하고 있다. 이를 위해 '전염병 준비 전문팀'을 콜롬비아, 페루, 멕시코, 에콰도르에 파견했다. 이 외에도 독일은 볼리비아, 파라과이, 코스타리카, 아르헨티나, 니카라과에 지식과 경험을 공유했으며, 산소호흡기, 코로나19 검사키트 등을 지원했다. 또한 PAHO에도 재정적인 지원을 제공했다.

한편, 2019년 독일-중남미 간에 체결한 '중남미 이니셔티브(Latin America and Caribbean Initiative)'의 일환으로 '코로나19 피해 여성 및 소녀 지원' 프로젝트를 지원하고 있다. 앞에서 언급했던 것처럼, 코로나

19로 인해 중남미 여성들은 의료돌봄노동의 최전선에서 전문 인력으로 종사하고 있으며 가정 내에서는 가중된 돌봄노동과 가정 내 폭력으로 피해를 입고 있는 실정이다. 독일정부는 '코로나19의 경제적 영향 완화'의 일환으로 개발도상국의 채무상환을 연기하는 데 지지했다.

프랑스는 코로나19 대응과 관련해 보건 부문을 지원하는 한편 채무상환을 지연하는 데 동의했다. 또한 경제적으로 타격을 받은 국가들의 NGO에 원조를 지원했다. 한편 중남미 국가에서 코로나19가 확산하는 것을 방지하기 위해 의료 부문과 취약계층을 지원했는데, 특히 경제적인 어려움을 극복하기 위한 지원에 초점을 두었다. 따라서 아이티, 에콰도르, 볼리비아, 쿠바, 브라질, 도미니카공화국, 페루 등에 코로나19 검사, 치료, 의료 인력 역량을 강화할 수 있는 프로그램을 지원했다. 또한 취약계층을 보호하기 위해 세계은행, 미주개발은행(IDB)과의 협력을 통해 브라질의 조건부 현금이전(CCT) 프로그램인 볼사 파밀리아(Bolsa Familia)를 지원했으며, 볼리비아의 취학 아동, 임산부, 빈곤층 연금 수령인, 장애인을 위한 긴급지원을 제공했다. 또한 중남미의 악화된 경제상황을 극복하기 위해 브라질, 에콰도르, 콜롬비아, 도미니카공화국에 경제활동, 기초인프라 구축, 고용 창출을 위한 지원을 실시했다.

스페인은 코로나19 이후 개발도상국에 대한 지원을 지속하고 있으며, '녹색 회복(Green Recovery)'과 관련된 기후변화, 보건, 사회보장제도, 식량, 교육, 고용과 관련된 분야에서도 자국의 역할을 강조하고 있다. 스페인은 개발도상국의 채무상환 지연을 지지했으며 국제적십자,

UNHCR, WFP, WHO 등에 긴급지원을 제공했다. 스페인은 베네수엘라 및 콜롬비아를 포함한 중남미 국가들에 대해 의료 시스템 강화, 교육 및 기본적인 공공 서비스에 대한 접근 강화, 코로나19의 피해로 취약한 사회경제 시스템 재건과 관련한 부문을 지원하고 있다.

영국에서는 2020년 기존 국제개발부(DFID)가 외교부(FCO)에 흡수, 통합되어 외교개발부(FCDO)로 새롭게 탄생했다. 영국은 코로나19로 인해 자국 내에서도 많은 경제적 피해를 입었기 때문에 대외원조의 규모를 감소시킬 것으로 전망되고 있다. 영국은 중남미 지역에 대한 지원 비율이 낮은 편이나, 보건과 기후변화 같은 부문에 대한 지원은 지속적으로 제공해 왔다.

영국은 코로나19와 관련한 원조지원을 백신개발연구에 대한 지원, 국제기구의 코로나19 사업을 위한 지원, 개발도상국과 NGO의 코로나19와 관련된 직접적 지원과 같은 방법으로 진행하고 있으며, 양자 차원의 지원보다 국제기구를 통한 다자 차원의 지원을 확대하고 있다. 따라서 개발도상국에 코로나19 백신을 보급하는 일을 담당하는 코백스(COVAX), WHO, PAHO를 지원함으로써 카리브 국가에서 코로나19가 확산하는 것을 방지하는 데 도움을 주었다.

이처럼 국제사회에서 특히 중남미를 주로 지원해 왔던 공여국들은 코로나19로 인해 자국의 경제가 영향을 받았음에도 불구하고 향후 개발도상국에 대한 지원을 지속할 전망이다. 또한 중남미 국가들은 비록 중소득국이지만 코로나19의 영향을 크게 받았기 때문에 이들 국가에 대한 지원은 지속적으로 이루어질 것으로 예상된다. 특히 코로나19 이후 의료보건, 경제회복과 관련된 분야에 대해서는 지원이 확대될 수 있다. 한편 공여국들은 다자 차원에서 개발도상국들의 채무상환 연기에 대해 지지하고 있다. 독일의 경우 다른 공여국들과 비교할 때 여성과 소녀 같은 취약한 인구에 초점을 두고 지원한다는 사실이 두드러지게 나타나고 있다. 즉, 코로나19로 인해 영향을 받은 대표적인 계층으로 여성이 언급되고 있으나, 다른 공여국에서는 취약한 여성에 초점을 둔 정책과 관련 프로젝트의 지원이 두드러지게 나타나고 있지 않다.

한편 공여국들은 양자 차원보다 국제기구나 NGO와의 협력을 통한 다자 차원의 지원을 강화하고 있다.

2. 새로운 국제개발협력 체제에서 중남미 지원에 대한 전망

1) SDGs 달성에 대한 지원

코로나19로 중남미 지역은 2020년 실질 GDP가 2019년 대비 −7.7%를 기록해 사상 최대 규모로 감소했으며 수출은 13%가 감소했다. 실업률은 10.7%에 달했고 270만여 개의 기업이 파산하면서 부채 규모가 GDP의 79%를 차지하는 지역이 되었다(Bárcena, 2021). 코로나19 이전에는 중남미 국가들이 중소득국이자 신흥 공여국으로서의 역할을 담당했으나 코로나19 이후에는 다시 공여국들의 지원을 받아야 하는 지역이 되었다. 또한 2000년대 초반에는 빈곤과 불평등 같은 사회적인 성격의 지표가 개선되고 있었으나 코로나19로 인해 개선되던 상황이 정체되고 다시 악화되었다.

중남미 국가들은 SDGs를 달성하기 위해 국가 차원에서 법적인 체계를 구축했으며 자발적인 보고서(VNR) 제출을 준비하고 있다. 또한 국가개발계획에 연계한 SDGs의 달성목표를 제시하고 있으며, SDGs를 달성하기 위해 기존에 구축되어 있던 정부의 조직을 활용하거나 새로운 조직을 창설했다(CEPAL, 2019: 49).

국제사회의 원칙에 따라 수립된 SDGs가 각 국가의 개발 상황과 우선순위에 어떻게 부합하고 있으며 이러한 국내 상황을 국제사회의 지표인 SDGs와 어떻게 조화시켜 나아갈 것인가 하는 것은 중남미 국가들이 직면한 공통의 과제이다. 실례로 멕시코, 콜롬비아, 브라질, 아르헨티나, 코스타리카에는 이와 관련된 가이드라인이 존재하고 있다(CEPAL, 2019: 49). 앞에서 언급했던 것처럼 중남미 지역은 SDGs를 달성하는 데서 지속적인 성과를 보여왔으나 코로나19로 인해 당분간 부정적인 결과가 나타날 것으로 예측된다. 특히 국가와 세부목표에 따른 통계 역량에서 격차가 발생하고 있기 때문에 SDGs의 이행성과를 제대로 평가하기 어려울 수 있다. 따라서 국가별로 부족한 통계 역량을 개선하기 위한 지원을 고려할 수도 있다.

이와 더불어 SDG 목표1(모든 곳에서 모든 형태의 빈곤 종식), 목표8(모두를 위한 지속적이고 포용적이며 지속가능한 경제성장 및 완전하고 생산적인 고용과 양질의 일자리 증진), 목표10(국가 내 및 국가 간 불평등 완화)과 관련된 경제, 사회 분야의 지표가 개선되기 어렵다는 전망을 고려한다면,

중남미 각국 정부는 기업과 같은 민간 부문과 협력함으로써 비공식 부문의 노동자를 감소시키고 좋은 일자리를 제공하기 위한 정책을 추진할 필요가 있다. 이를 통해 기술적인 혁신에 기반한 경제구조적 변화를 꾀할 수 있을 것이다. 특히 중남미에서 취약지역 및 취약계층으로 고려되어 왔고 코로나19로 인해 그 취약성이 더욱 두드러지게 된 농촌지역, 원주민, 아프리카계, 이민자, 여성, 노년층에 대한 정부의 재정적 지원을 강화할 필요성이 대두되고 있다.

한국은 2019년 기준 전체 ODA 지원 중 약 11%를 중남미에 지원하고 있으며, 볼리비아, 파라과이, 페루, 콜롬비아를 중점 협력국으로 선정해서 국가협력전략(CPS)을 기반으로 지원해 왔다. 한국의 대표적인 무상원조 기관인 한국국제협력단(KOICA)은 대중남미 협력전략(2020~2024)에서 중남미 지역의 포용적 개발과 경제성장의 촉진을 통해 지속가능한 개발목표의 달성을 지원하는 것을 목표로 제시했다. 중점개발과제는 사회안전망 확충을 위한 보편적인 교육과 보건 서비스 확대, 삶의 질 향상을 위한 여성 및 취약계층의 기본권 보장과 미래의 역량 강화, 빈곤 감소를 위한 농업 및 농촌 개발, 평화 구축을 위한 난민의 재정착, 치안역량 강화, 신성장 경제동력의 확보를 위한 정책 및 혁신기술 역량 강화, 사회혁신을 위한 디지털 정부의 역량 강화, 균형성장을 위한 도시개발 및 도시 인프라 개선, 기후변화 대응 및 환경 취약 그룹의 회복력 강화, 지속가능한 환경을 위한 신재생에너지 확대이다.

앞에서 언급했던 것처럼, 코로나19 이후 KOICA는 보건의료 취약국 지원(Action on Fragility), 개발도상국 감염병 관리 역량 강화(Building

Capacity), 한국 경험의 활용과 글로벌 연대 강화(Comprehensive Coope-ration)를 목표로 하는 ABC 프로그램을 지원하고 있다. 이 프로그램을 토대로 보건의료 분야에서는 감염병 관리를 위해 코로나19 진단키트, 치료제, 백신을 제공했다. 이러한 단기성 지원뿐 아니라 지역주민과 의료 인력을 대상으로 인식 개선과 보건교육 같은 중장기 차원의 지원도 제공했다. 이 외에도 국내 감염병 대응연구의 경험을 공유하고 세계시민연대를 강화하며 국내 혁신기술을 발굴 및 확산하는 활동을 지원했다. 특히 KOICA는 페루, 파라과이, 콜롬비아, 엘살바도르, 에콰도르, 볼리비아, 도미니카공화국, 과테말라 등을 대상으로 식량과 방역용품을 지원했다.

유상원조를 제공하는 EDCF는 '포스트 코로나 EDCF 운용 전략'을 기반으로 그린 분야, 디지털 분야, 보건 분야와 관련된 사업을 추진하고 있으며, 포스트 코로나 시대를 대비해 비대면 업무 시스템을 구축하고 현지 사무소의 기능을 강화하는 등 지원추진 체계를 정비했다. 또한 민관협력(PPP), 협조융자 등을 통해 지원방식에서의 다변화를 모색하고 있다.

이처럼 코로나19 상황에서 한국의 지원 형태는 방역용품과 의료용품의 지원에 초점을 두고 이루어져 왔다. 현재 중남미 국가들은 코로나19 이후 경제 재활성화 방안을 모색하고 있다. 단기적으로는 중소기업의 생존과 고용 유지를 위해 코로나19로 인해 피해를 입은 관광업, 서비스업 등의 산업 분야와 취약계층을 중심으로 보조금을 지원하고 있으며, 이들을 대상으로 하는 다양한 사회정책을 추진하고 있다. 또한 코로나19가 장기화되면서 취약계층으로 전락할 수 있는 국민을 대상으로 기존 사회정책의 혜택 범위를 확대하고 있는데, 실례로 기본적인 공공서비스와 의료서비스를 제공하고 실업보험 등의 보장범위를 확대하는 것을 들 수 있다.

중남미 국가들은 중장기적인 과제로 사회정책의 지원범위를 선별적 지원에서 보편적 지원으로 어떻게 확대해 나갈 것인지 고민하고 있으며, 이러한 의제를 토대로 안전과 보건에 대한 새로운 정책 방향을 수립하고 있다.

2) 중남미 지역 협력체에 대한 지원

코로나19로 인한 봉쇄정책과 자국 우선주의의 흐름 속에서 중남미 국가들은 국경, 무역, 인력 이동, 역학과 데이터 공유, 의약품 공동구매, 국제금융기관의 신용에 대한 접근성과 관련해 공동으로 움직이기 위한 논의를 진행하고 있다.

이러한 연대와 협력의 움직임이 가시화된 하나의 사례로는 중남미에서 남남협력의 상징적인 국가인 쿠바가 의료외교를 통해 중남미와 카리브 국가를 지원한 것을 들 수 있다. 쿠바는 코로나19 상황에서 이탈리아를 포함한 베네수엘라, 니카라과, 카리브 국가들에 의료 인력을 파견했다.

남미 차원에서 2019년 결성된 남미의 진보와 발전을 위한 포럼(Foro para el Progreso y Desarrollo de América del Sur: PROSUR)[1]의 회원국들은

코로나19에 대처하기 위해 협력하기 시작했다. 따라서 인력의 이동에 대한 정보 공유, 국경 재개의 조정, 역학과 데이터 시스템에 대한 경험 공유, 의약품의 공동구매와 조달, 운송 및 물류와 관련된 국경 관리와 자유로운 이동의 보장, 국제금융기관의 신용에 대한 접근성 강화를 목표로 5개의 실무그룹을 형성하기도 했다.[2]

중미 차원에서는 중미통합기구(SICA)를 중심으로 중미연합지역계획을 수립했다. SICA는 정보 공유와 조정을 위한 플랫폼을 구축했으며, 중미경제통합은행(Banco Centroamericano de Integración Económica: BCIE)을 통해 긴급 자금과 인도주의적 차원의 기금을 조성했다. 또한 보건인력을 대상으로 감염 및 역학조사와 관련된 교육 프로그램과 기술적 지원을 제공했으며, WHO 및 PAHO의 지침과 관련된 정보를 공유했다(정상희, 2021).

이처럼 코로나19 이후 다자 차원의 실질적인 협력을 위한 움직임이 활성화되고 있다. 중남미 지역에서는 역사, 문화, 언어 등 역사적인 공유성을 토대로 하위지역 차원에서 협력을 위한 움직임이 이른 시기부터 나타났다. 특히 중미 지역의 국가들은 대체로 경제 규모 및 시장 규모가 작고 무역과 투자에서 미국에 대한 높은 의존도를 보이고 있다. 따라서 이러한 한계를 극복하기 위해 1960년대부터 지역통합체가 형

---

1   PROSUR은 남미국가연합(UNASUR)을 대체할 지역기구로 2019년 결성되었으며, UNASUR 에서 탈퇴한 브라질, 콜롬비아, 칠레, 아르헨티나, 파라과이, 페루, 에콰도르 등 7개국이 주축이 되어 친미 외교노선과 친시장 정책을 표방했다. https://terms.naver.com/entry.naver ?docId=5744769&cid=42107&categoryId=42107

2   PROSUR, https://foroprosur.org/area-tematica/covid-19/

성되어 왔다. 또한 지금은 치안, 기후변화와 같은 역내 글로벌 과제를 해결하기 위해 지역기구를 중심으로 공동으로 대처하는 움직임을 보이고 있다. 하지만 이러한 지역협력체를 이끌어가는 데 필요한 뚜렷한 리더십을 가진 국가가 부재하고 국가 간 경제적 격차와 이해관계가 다양하며 지역협력체의 성격이 경제적 목적보다 정치적 지형에 따라 좌우되는 측면이 있어 통합체의 실질적인 발전은 한계를 보여왔다.

코로나19 이후 중미, 남미, 카리브 등 하위지역 차원에서 존재하던 협력체를 중심으로 이러한 위기 상황에 대응하기 위한 움직임이 나타났으며 공여국들 역시 다자 차원의 플랫폼을 통한 지원을 활성화하고 있다.

따라서 주요 공여국들은 다자 차원에서 중남미 국가의 부채 상환을 연기하는 것에 대해 지지하는 움직임을 보였다. 또한 코로나19에 대응하기 위해 UNICEF, 세이브 더 칠드런, WHO, GAVI, UNHCR, WFP, PAHO와의 협력을 통해서도 지원을 제공했다.

SICA 회원국은 경제적·사회적 개발 상황이 대체로 좋지 못한 국가들이지만 한국의 ODA 중점 협력국에 포함되어 있지 않기 때문에 한국으로부터는 상대적으로 충분한 지원을 제공 받지 못했다. 한국은 SICA 회원국 중 과테말라, 엘살바도르, 에콰도르를 중심으로 경찰 및 전문수사 인력의 역량을 강화하기 위해 교육 시스템과 과학수사 인프라의 개선을 통한 치안역량 강화를 지원했다. 또한 기후변화에 대응하고 환경 취약그룹의 회복력을 강화했으며, 식량 안보, 생활환경 개선, 농민 조직의 가치사슬 증진을 위한 프로젝트와 연수사업을 추진했다.

이처럼 한국은 코로나19 이후 중남미 지역에 구축되어 있는 지역협력체를 통한 지원을 강화할 필요가 있다. 또한 현재까지 중점적으로 지원해 왔던 범죄예방, 치안역량 강화, 기후변화 대응에 대한 지원뿐만 아니라 이 지역의 취약계층을 위한 사회안전망 구축, ICT를 활용한 교육 분야에 대한 지원도 강화할 필요가 있다. 현재 이 지역의 국가들은 한국의 중점 협력국에 포함되어 있지 않으므로 개별 국가 차원에서 접근하기보다는 지역통합체를 중심으로 역내 공통의 개발 과제를 해결하는 데 초점을 두어야 한다.

향후 정책적인 차원에서 새로운 중점 협력국을 선정할 때에는 중미 지역의 국가들을 고려할 필요가 있다.

3) 코로나19와 국제개발협력의 새로운 이슈

코로나19로 인해 국제개발협력에서 새로운 이슈들이 등장했다. 이러한 이슈들을 살펴보면, 첫째, ICT의 중요성이다. ICT의 중요성은 코로나19 이전부터 강조되어 왔으며, 한국의 개발협력에서 ICT 분야는 비교우위를 지닌 것으로 평가받고 있다. 따라서 한국 정부는 행정의 투명성을 높이고 지식과 정보를 체계적으로 관리하며 국민에 대한 행정서비스를 효율적으로 개선하기 위한 방안으로 공공행정의 현대화, 전자정부, 행정의 디지털화, 조세행정 집행체계의 개선, 디지털 공공서비스의 혁신 사업을 추진해 왔다. 또한 교육 부문에 ICT를 활용함으로써 교실 구축 사업 및 교육 정보화를 위한 인프라 구축 사업도 진행해 왔다. 이 외에도 산업 부문에서 디지털 기반 시설을 구축하고 산업 클러스터를 형성하기 위한 지원을 제공했다.

코로나19로 인해 ICT는 방역뿐 아니라 일자리, 상업, 교육, 보건의료, 시민을 대상으로 하는 정부의 행정서비스 부문에서도 활용되었다. 그러나 다양한 산업 부문에서 활용되는 ICT로 인해 중남미 지역의 격차와 불평등 상황은 오히려 악화되고 있다. 이는 취약계층이 ICT 활용에 필요한 컴퓨터나 인터넷 같은 기본적인 장비와 서비스에 접근하기가 쉽지 않고 이러한 장비를 활용할 수 있는 기술적인 역량도 부족하기 때문이다. 따라서 향후 ICT를 기반으로 공공행정뿐만 아니라 교육, 보건, 환경, 도시 등 다양한 부문도 연계하는 지원방식을 고려할 필요가 있다.

둘째, 젠더 문제이다. 코로나19 이전부터 가정, 경제, 사회, 정치 영역에서의 여성의 취약성은 지속적으로 논의되어 왔다. 특히 중남미의 젠더와 관련된 이슈로 여성에 대한 폭력, 여성 가구주와 10대 청소년의 임신, 가사와 돌봄노동으로 인한 시간빈곤, 비공식 부문에 종사하는 여성의 높은 비율 같은 문제가 논의되었다. 한국은 다양한 영역에서 발생하고 있는 젠더 상황을 개선하기 위해 중남미 국가에 직접적인 지원을 제공해 왔을 뿐만 아니라 교육, 환경, 경제 등 다부문의 사업에서 젠더적인 관점을 통합적으로 고려하는 젠더주류화(Gender Mainstreaming)[3]

---

3   젠더주류화 전략은 정책의 기획, 실행, 모니터링, 평가과정에 젠더적인 관점을 통합하고 정책적인 요소로서 여성의 역량을 강화하며 정책결정에 여성의 참여를 확대하는 것을 의미한다(정상희, 2020).

전략도 추진해 왔다.

한편 한국은 중남미 국가에 대해 청소년의 건강과 권리를 보장하고 성교육을 통해 미성년자의 임신을 방지하도록 지원해 왔다. 특히 여성의 경제 역량을 강화하기 위해 직업훈련 분야와 일자리 창출을 지원했는데, 특히 농촌 여성의 사회경제적 역량을 강화하는 데 초점을 두었다. 보건 부문에서는 모자보건 서비스를 개선하는 등 취약계층의 의료 서비스에 대한 접근성을 강화하기 위한 지원을 제공했다. 또한 여성을 대상으로 한 폭력과 관련해 대응기관의 상담과 수사역량을 강화했으며, 공무원 및 일반인을 대상으로 한 폭력예방 및 피해 대처 교육을 지원했다.

코로나19 상황에서 봉쇄정책으로 인해 서비스업과 비공식 부문에 종사하는 여성의 취약성이 두드러지게 나타나고 있다. 이들은 일자리를 잃거나 근무시간 단축으로 임금이 감소했기 때문이다. 또한 재택근무와 교육기관의 폐쇄로 가사와 돌봄노동 시간이 증가했으며 CCT 프로그램의 지원으로 여성의 역할과 책임이 늘어나면서 여성의 시간빈곤 상황이 심화되었다. 이 외에 장기간 격리된 상황에서 여성과 여아에 대한 가정 내 폭력도 증가했다.

앞에서 언급했던 공여국들의 지원을 보면, 독일의 '코로나19 피해 여성 및 소녀 지원' 프로젝트를 제외하고는 코로나19로 인해 발생하는 여성의 취약성과 관련된 직접적인 지원에 대한 정책적 고려가 충분히 이루어지지 않고 있다. 여성에 대한 지원으로는 다음과 같은 방법들을 고려할 수 있다. 즉, 현재 중남미 국가 차원에서 진행되고 있는 가정폭력 피해자를 위한 보호시설을 설치하는 방안이나 '마스크19(Mascarrilla 19)'처럼 폭력에 대한 신고를 강화하거나 피해자를 보호하는 방안을 고려할 수 있다. 또한 민간기업, 여성단체와 협력해서 무임금 돌봄노동 및 젠더와 관련된 사회적 인식을 변화시키는 캠페인과 홍보활동을 활성화하기 위한 지원도 고려할 수 있다. 이 외에 왓츠앱, 유어세이프(UrSafe)와 같이 블록체인 기술을 사용해 기기 주변의 통화와 소리를 녹음하고 이를 통해 가해자에게 법적 조치를 취할 수 있는 애플리케이션을 만드는 등 새로운 기술적 도구를 활용·개발하기 위한 지원을 제공할 수도 있다.

셋째, 환경의 중요성이다. 중남미 국가들은 GDP에서 농업과 관광업의 비중이 비교적 높으며, 이러한 산업 부문은 수출, 고용, 빈곤 감소 같은 국가 전체의 경제적인 역동성과 높은 관련성을 보여왔다. 또한 중남미 국가들은 자연재해와 기후변화에 대응할 수 있는 역량이 취약하다. 따라서 농업, 물, 생물 다양성, 산림, 보건, 관광, 빈곤 등 다양한 영역에서 기후변화로 인해 발생할 수 있는 위험요인과 결과, 그리고 이에 대처하기 위한 정책적인 고려가 이루어졌다.

한국은 중남미 국가가 기후변화로 인해 발생할 수 있는 환경피해에 대응할 수 있도록 환경정책, 제도 개선, 기관의 역량 강화를 지원했다. 또한 재난 및 재해의 조기 경보 시스템을 개선하기 위한 지원을 제공했으며, 환경오염을 줄일 수 있는 역량 강화, 신재생에너지 확대, 저탄소, 기후변화 완화 및 적응 전략을 수립하도록 지원했다. 이 외에도 교육과 직업훈련을 확대함으로써 기후변화로 인해 더 많은 영향을 받는 환경 취약 그룹에 초점을 두고 이들의 회복력을 강화하기 위해 지원했다.

코로나19로 인해 항공과 차량의 운행, 에너지 소비가 감소하면서 CO_2 배출량이 사상 최대 폭으로 감소했다. 하지만 이는 일시적으로 나타난 현상이며 장기적인 관점에서 기후변화 완화에 긍정적인 영향을 끼칠 것으로 기대하기는 어렵다. 오히려 의료폐기물과 쓰레기 문제가 증가하고 있으며 경제적인 불확실성으로 인해 저탄소 기술투자에 대한 정부와 기업의 동기가 약화될 수 있다는 우려가 나타나고 있다.

따라서 지속가능한 발전을 위해서는 신재생에너지 사용, 저탄소경제로 이행하기 위한 환경정책 및 제도 개선, 기관의 역량 강화에 주력해야 하며, 과도한 소비와 생산모델의 변화 필요성에 대한 인식 제고와 같이 환경문제에 대처하기 위한 장기적인 관점의 지원 방안을 국제협력을 통해 모색해야 한다.

넷째, 도시지역에 초점을 두고 빈곤층에 대한 지원을 강화할 필요가 있다. 중남미 지역은 도시에 거주하는 인구 비율이 81%에 이른다. 도시는 유럽의 식민체제하에서 권력과 통치의 수단으로 작동했으며 경제성장의 동력으로서 산업화의 과정과 결과를 반영했으나 역사적으로 사회적 이중성을 반영하는 상징적인 공간이었다.

특히 산업화 과정에서 과도하게 집중된 인구로 인해 거대도시가 형성되고 종주도시화 경향이 나타났다. 이로 인해 주거, 일자리, 교육, 보건 같은 기초사회서비스가 부족해졌고 빈곤, 실업, 치안 부재 같은 부정적인 현상이 발생했다. 이로 인해 개발협력에서 도시빈곤 이슈가 논의되었고 국제사회는 개발도상국의 도시개발(Urban development)과 취약계층을 위한 사회보호 프로그램을 지원했다.

한국의 지원은 도시라는 공간에 초점을 두고 이루어진 것은 아니지만, 개발도상국의 산업화 추진을 위한 정책 및 기술 역량을 강화하고 균형성장을 위해 교통 인프라를 확충하며 중소기업의 경쟁력을 향상하기 위한 지원을 제공했다.

중남미에서 코로나19는 주요한 도시지역을 중심으로 확산했으며 도시 내 빈곤층이 거주하는 지역에 더 많은 영향을 미쳤다. 빈곤층이 거주하는 지역은 인구밀도가 높을 뿐만 아니라 물, 위생, 보건 같은 기초사회서비스에 대한 접근성도 부족하기 때문이다. 또한 콜롬비아 보고타의 사례에서 언급했던 것처럼, 호텔, 식당 같은 관광업과 서비스 분야에 대한 의존도가 높은 도시의 경우 코로나19로 인한 봉쇄정책으로 경제가 많은 타격을 받았다.

코로나19 이후 중남미 국가들은 도시 내 취약계층의 경제적 자주권 보호, 공공교통 수단에서의 안전한 이동, 효율적인 에너지 활용에 중점을 두었다. 중남미 국가들은 이처럼 경제의 재활성화와 환경적인 지속가능성을 조화시키고자 하고 있다. 특히, 보건, 교육, 경제 부문에서 사회서비스를 제공하기 위해 디지털 활용을 가속화하고 있다. 따라서 앞으로는 도시의 다양한 영역에서 디지털의 활용을 지원하고 젠더, 환경과 같이 범주류적인 정책과의 연계성 모색을 통해 도시지역에 초점을 두고 이러한 취약성을 줄일 수 있는 정책을 강화할 필요가 있다.

다섯째, 교육 불평등이다. 중남미에서는 초중등교육의 보편적인 접근성은 개선되었으나 전반적인 교육의 질 및 고등교육에서의 접근성 개선이 요구되고 있다. 한국은 중남미 국가에 대해 기초교육에서 교육의 질을 제고하고 중등교육에서 교육 접근성의 기회를 확대하며 취약계층을 대상으로 전문적인 직업훈련 프로그램을 확충할 수 있도록 지원했다. 특히 평등한 교육의 기회로부터 배제된 길거리 아동, 청소년, 여성 등의 역량을 강화하기 위한 지원이 이루어져 왔다. 중남미 지역은 스페인어를 주로 사용하며 문화적인 측면에서 혼종성을 지니고 있으므로 언어적·문화적·제도적 측면에서 한국과는 이질적인 특성을 지니고 있다. 따라서 한국은 중남미 교육 분야에 대한 지원이 상대적으로 미비했다. 하지만 ICT를 기반으로 교육 인프라 확충, 교사 양성 및 교사의 역량 강화, 고등교육에서의 이러닝 교육 역량과 교육과정 개선을 위해 지원했다.

코로나19로 인해 대면 수업이 중단된 상황에서 각 국가에서는 교육을 제공하기 위한 수단과 교육내용이 변화하고 있다. 즉, 온라인과 오프라인 두 가지 방식으로 교육을 제공하는데, 특히 컴퓨터와 인터넷에 대한 접근성이 떨어지는 인구의 비율이 높은 국가에서는 라디오나 텔레비전 같은 전통적인 매체가 교육 서비스를 제공하는 데 활용되고 있다. 따라서 원격교육을 위한 인프라에 접근하고 이를 활용할 수 있는지 여부에 따라 계층과 인종 간에 교육 부문에서 격차가 확대되고 있다.

이처럼 코로나19는 중남미 교육 시스템에 전반적으로 영향을 미쳤다. 따라서 한국은 과거 상대적으로 지원이 미비했던 교육 분야에서 ICT를 기반으로 교육 인프라를 구축할 수 있다. 또한 ICT와 관련된 교육과정뿐 아니라 텔레비전, 라디오 등 지역 기반의 다양한 통신매체와 연관된 교육과정에 대한 개발도 지원할 수 있다. 이 외에도 학생과 교원을 대상으로 ICT와 관련된 역량을 강화하는 교육 프로그램을 지원하는 방안을 고려할 수 있다.

4) 중남미 사회보호조치에 대한 지원

중남미에서는 경제위기와 자연재해가 발생했을 때 취약계층에게 발생할 수 있는 부정적인 영향에 대응하기 위한 다양한 정책이 추진되었다. 앞에서 언급했던 것처럼, 대표적인 사례인 조건부현금이전(CCT) 프로그램을 통해 취약한 가구를 대상으로 이들이 기본적인 물품과 서비스에 접근하고 중장기적으로 인적 역량을 강화할 수 있도록 지원이 이루어졌다.

2000년대 이후 수립된 좌파 성향의 정권들은 정부가 적극적으로 개입해 '분배정책'을 실시함으로써 시장의 불균형을 규제하고 부의 불균형을 해소하고자 했다. 특히 CCT 프로그램을 통해 빈곤계층의 소득과 역량을 강화하기 위한 정책을 이행하는 과정에서 정부의 역할을 강조했다.

이처럼 2000년대에는 빈곤 가구에 직접 현금을 지원함으로써 임산부, 아동, 청소년 등 취약계층의 보건, 교육, 영양 상태를 개선하고 인적 역량을 강화하는 CCT 프로그램이 활성화되었다.

앞에서 언급했던 것처럼, 코로나19가 발생한 이후 중남미 국가들은 CCT 프로그램을 새롭게 기획하거나 수혜자의 범위를 확대했으며, 지원금을 선지급하는 변화된 형태로 CCT 프로그램을 광범위하게 추진했다. 따라서 기존에 지원 대상이었던 취약가구뿐 아니라 비공식 부문의 노동자, 독립자영업자, 실업자 등 코로나19로 인해 영향을 받은 계층에도 추가적으로 지원함으로써 정책의 대상이 '선별적 지원'에서 '보편적 지원'으로 변화하는 특성을 보였다.

2000년대에는 중남미의 빈곤과 불평등 상황이 대체로 개선되었으나 2014년 이후에는 이러한 추세가 정체되는 현상을 보였다. 특히 중남미의 만성적인 빈곤과 불평등은 농민, 원주민, 아프리카계 인종, 여성, 이민자 등을 중심으로 두드러지게 나타나고 있다.

코로나19가 발생한 이후 중남미 국가들은 이러한 전통적인 취약계층을 고려함으로써 취약계층의 일자리를 유지하고 이들의 소득 손실을 보존하며 독립 자영업자와 중소규모 기업의 파산을 방지하기 위한 지원을 강화했다.

이 외에도 정부는 향후 이러한 계층의 대출에 대한 접근성을 강화하고 상환기간을 연장할 필요가 있다. 또한 디지털 기술 사용을 확대하기 위해 재택근무를 활성화하며 디지털 기술에 기반한 비즈니스 기회 및 일자리 보존을 위한 적극적인 정책 방안을 고려해야 한다(OECD, 2020: 5~6).

또한 중장기적인 차원에서 중남미에서 높게 나타나고 있는 비공식 부문의 노동자 비율을 줄이고 이들을 공식적인 부문으로 전환시키는 방안을 모색할 수 있다. 이러한 경제 구조적인 측면에서의 변화를 추구하기 위해서는 장기적으로 교육의 질을 제고하고 이와 관련된 부문에 대한 투자를 확대해야 한다. 또한 직업훈련 프로그램을 강화함으로써 노동 인력의 역량을 개선하고 이를 취업의 기회와 직접적으로 연계하기 위한 지원의 필요성도 대두되고 있다. 이와 관련한 사례로는 멕시코 경제부와 인터넷 협회에서 #LeAtiendoporInternet라는 인터넷 사이트의 운영을 통해 인터넷에서 상품과 서비스를 제공하길 원하는 국민들을 대상으로 기술적인 자문을 지원하기 위한 시스템을 구축한 사례를 들 수 있다(정상희, 2021).

중남미 국가들은 역사적으로 유럽의 장기간 식민 지배를 경험했으며 이러한 시기를 거치면서 유럽의 정치적·경제적·사회적 제도로부터 영향을 받았다. 따라서 정책과 제도적 체계가 비교적 잘 구축되어 있으나 이러한 정책과 체계가 효율적으로 운영되지 않는 경우가 있다. 그러므로 중남미 지역에 대한 개발협력은 정책을 새롭게 수립하고 제도를 구축하기보다 이러한 정책과 제도가 효율적이고도 실질적으로 운영될 수 있도록 정부나 공공정책의 영역에서 제도적인 역량을 강화하기 위한 지원이 이루어져야 한다. 앞에서 언급했던 공여국의 지원 사례 중 프랑스의 경우를 보면, 프랑스는 세계은행, 미주개발은행(IDB)과의 협력을 통해 취약계층을 대상으로 하는 브라질의 CCT 프로그램 볼사 파밀리아(Bolsa Familia)를 지원하고 있다. 이와 같이 중남미 국가에 대한 지원 형태와 관련해서는 기존에 구축된 제도와 정책이 효율적으로 운영되고 이행될 수 있도록 다양한 방안을 모색할 수 있다.

향후 한국의 대중남미 국가들에 대한 지원에서도 CCT 프로그램과 같이 이미 구축된 다양한 프로그램을 효율적으로 운영하기 위한 지원을 고려할 수 있다. 한편 중남미 국가들의 정부는 시민들을 대상으로 기초사회서비스와 행정적인 서비스를 제공하는 과정에서 다양한 정책과 수단에 디지털 기술의 활용을 확대할 수 있으며, 이를 통해 공공지출과 세금부과 같은 정부의 주요한 행정업무에서 투명성과 효율성을 강화할 수 있다.

한편, 중남미 국가들은 코로나19가 발생한 이후 사회적 거리두기와 같은 봉쇄정책과 취약계층을 대상으로 하는 광범위한 사회보호 조치를 비교적 빠른 시기에 실행했으나 정책의 효과는 미미했다. 이와 관련해서는 경제, 사회, 보건 부문 등의 구조적인 문제점과 국가의 재정적 역량의 취약성 등이 주요한 요인으로 언급되었다. 특히 정부 거버넌스의 취약성이 주요한 원인으로 고려될 수 있다. 이처럼 정부의 취약한 거버넌스를 개선하기 위해서는 디지털 기술을 적극적으로 활용할 수 있으며 한국은 이러한 부문에 대한 지원을 강화할 수 있다.

중남미 지역에서는 현재는 취약계층이 아니지만 코로나19로 인해 새로운 취약계층으로 전락할 수 있는 인구 비율이 높아질 수 있다. 이들은 공식 부문에 종사하는 노동자들이었으나 향후 비공식 부문의 노동 인력으로 전환될 수 있는 계층이기도 하다. 이러한 계층은 사회보호제도의 사각지대에 위치할 수 있는 위험성도 안고 있다. 이러한 맥락에서 고용된 직종의 성격과 관계없이 노동자들이 공식적인 사회안전망에 포함될 수 있도록 지원해야 하며 장기적으로 모든 사회구성원을 포괄할 수 있는 보편적인 성격의 사회정책을 논의해야 한다.

5) 남남협력과 삼각협력의 활용

중남미 지역의 국가들은 언어, 역사, 정치, 경제, 사회구조에서의 공통성을 토대로 개발도상국가 간의 협력 형태인 남남협력을 적극적으로 추진해 왔다. 특히 남남협력은 미국, 유럽 같은 핵심국을 중심으로 형성되어 있는 국제체제의 구조적인 문제점과 개발도상국의 발전에 대한 시각이 반영된 종속이론을 기반으로 활성화되어 왔다.

삼각협력은 중소득국의 역할이 포함된 협력 형태이며, 공여국, 수원국, 중소득국이라는 세 가지 성격의 행위주체가 참여한다. 이러한 세 가지 행위주체의 역할이 포함되어 삼각협력이라고 지칭한다. 일반적으로 삼각협력에서 중소득국은 수원국에게 자국의 경험과 지식을 공유한다. 공여국은 모든 행위주체 간 네트워크 체계의 구축을 지원하며 네트워크를 통해 재정과 기술적 지원을 제공한다. 삼각협력은 양자협력에 비해 참여주체가 복잡하기 때문에 사업 수행에서 많은 시간이 소요되며 높은 행정비용으로 인해 효과적이지 않을 수 있다는 비판이 있어왔다. 그러나 삼각협력에서 중소득국은 선진국과 수원국 간의 기술적 격차를 해소하기 위한 중간자적인 역할을 수행할 수 있으며, 다양한 행위주체가 참여하기 때문에 행위주체 간 파트너십을 구축하고 자원 및 재정적 자금을 동원할 수 있다. 이러한 맥락에서 삼각협력은 지식, 정책, 성공사례, 노하우를 공유하는 기술협력의 효과적인 형태이다. 따라서 삼각협력은 개발협력 사업의 규모 및 효과성을 개선하고 역내 다자 차원의 협력을 강화할 수 있는 지원 형태로 고려되어 왔다.

이러한 맥락에서 SDGs 체제에서는 삼각협력에 대한 지원이 확대되어 왔다. 과거에는 정부와 국제기구가 주된 행위주체였다면 최근 삼각협력에서는 비정부기구, 민간 부문, 시민사회 등 다양한 행위주체가 참여하고 있다. 이러한 측면에서 삼각협력은 최근 논의가 확대되는 다자 차원에서 고려될 수 있는 지원 형태이며 향후 이를 활성화하는 정책적인 도구로 활용될 수 있다.

중남미 지역의 남남협력 및 삼각협력과 관련된 통계는 이베로아메리카 사무국(Secretaría General Iberoamericana: SEGIB)에서 2007년부터 매년 발간하는 보고서를 통해 파악할 수 있다. 이 보고서에 따르면, 2007년부터 2019년까지 양자 차원의 남남협력 이니셔티브[4]는 약 7400건 실행되었고 삼각협력은 1250여 건 실행되었다.

또한 2019년 중남미 지역에서 이루어진 양자 차원의 남남협력은 600여 건이었으며, 칠레, 멕시코, 쿠바, 콜롬비아, 브라질, 아르헨티나 등이 주요한 행위주체였다. 중점 분야는 SDGs의 목표와 연계성을 보이고 있는데, 보건, 농목업, 제도적 역량 강화와 관련된 목표3(모든 연령층의 모든 사람을 위한 건강한 삶 보장 및 복리 증진), 목표8(모두를 위한 지속적이고 포용적이며 지속가능한 경제성장 및 완전하고 생산적인 고용과 양질의 일자리 증진), 목표16(모든 수준에서 지속가능개발을 위한 평화롭고 포용적인 사회 증진, 모두에게 정의에 대한 접근 제공 및 효과적이고 책무가 있으며 포용적인 제도 구축)에 대해 지원이 이루어졌다.

4　통계상 프로젝트와 행동으로 분류하고 있다.

2019년 중남미 국가 간 삼각협력에서는 118건의 이니셔티브가 추진되었는데, 환경, 제도적 역량 강화, 농목업 분야에 지원이 집중되었다. 특히 환경 분야에서 기후변화와 재해관리에 대한 역량을 강화하는 부문에 지원이 이루어졌다. 삼각협력에서 전통적인 공여국 중에서는 스페인과 독일이, 중소득국 중에서는 칠레, 멕시코, 브라질이 주요한 행위주체였으며, 엘살바도르, 볼리비아, 파라과이는 주요한 수원국을 담당했다.

남남협력과 삼각협력은 수원국의 국가개발전략 가운데 우선순위를 중심으로 사업을 기획한다는 측면에서 의미가 있으며, 기존의 전통적인 공여국과 중소득국 간의 협력관계의 틀 내에서 수원국이 협력을 요청하는 형태를 기반으로 사업이 발전되었다.

이처럼 중남미 지역에는 칠레-멕시코, 칠레-스페인 간 삼각협력을 추진하기 위한 기금이 이미 조성되어 있으며, 수원국은 기존에 구축된 체계를 활용해서 사업을 활성화할 수 있다. 이 외에도 독일은 중남미 지역의 삼각협력을 활성화하기 위한 지역기금을 조성했으며, 이러한 지역 차원의 삼각협력 기금의 틀 내에서 이루어지는 삼각협력사업은 외부에 의해 체계적으로 평가되고 있다. 일본은 기술협력을 통해 중남미 지역의 경제·사회 발전에 기여하기 위해 칠레와 파트너십을 구축했는데, 이러한 협력의 틀 내에서 모든 중남미 국가를 대상으로 삼각협력 사업을 추진하고 있다.

일본과 독일의 사례와 마찬가지로, 한국도 삼각협력에서 주요한 중남미 행위주체인 칠레, 멕시코, 브라질 등과의 협력체계를 구축하거나 지역기금을 조성함으로써 중남미 지역의 삼각협력을 활성화할 수 있다. 앞에서 언급했던 것처럼, 한국은 중미 지역에 중점 협력국을 지정하고 있지 않으며 이러한 이유로 경제적·사회적 개발 상황이 좋지 못한 중미 국가에 대한 지원이 상대적으로 미미했다. 따라서 중미 국가를 지원할 때 SICA 같은 지역기구와의 협력체계를 기반으로 양자 차원에서 중남미 국가 간 이루어지고 있는 남남협력과 삼각협력의 지원 형태를 활성화하는 방안을 고려할 수 있을 것이다.

SDGs가 수립된 이후 국제개발협력 체제는 변화하고 있다. 코로나19 이후 이러한 변화는 가속화될 것으로 전망된다. 특히 새로운 행위주체와의 협력 및 새로운 지원방식에 대한 효과적인 방안을 모색할 필요가 있다.

한편, 다자 차원의 협력과 글로벌 과제를 해결하기 위한 수단으로 개발협력의 중요성이 강화되고 있다. 이러한 상황에서 중남미 국가들은 코로나19 이전에는 공여국으로서의 역할을 확대해 왔으나 지금은 코로나19로 인해 영향을 받은 주요한 지역이므로 향후 이들의 역할이 위축될 수 있다. 기존의 전통적인 공여국들 또한 코로나19로 인해 영향을 받았으나 주요 공여국의 지원 추이에서 파악할 수 있었던 것처럼 이들의 지원은 지속될 것으로 전망되고 있다.

향후 SDGs를 달성하기 위해 재원을 어떻게 조달할 것인지, 원조효과성을 개선하기 위해 기존의 전통적인 공여국들의 지원방식이 어떻게 변화할 것인지, 그리고 이 과정에서 중소득국으로서 중남미 국가들은 어떠한 역할을 할 것인지 주시할 필요가 있다. 또한 중소득국의 다양성을 감안해서 경제적인 지표를 기준으로 개발 상황을 고려하기보다 사회, 환경과 같이 SDGs를 구성하는 새로운 발전 개념과 관련된 지표를 기준으로 개발도상국의 다차원적인 개발 상황을 고려해야 할 것이다.

참고문헌

고요한 외. 2019. 『중소득국 맞춤형 협력방안 연구: 페루와 인도네시아를 중심으로』. 성남: 한국 국제협력단.

정상희. 2020. 「젠더적인 관점이 반영된 중남미 기후변화 정책의 분석과 함의」. ≪스페인어문학≫, 94, 211~237쪽.

_____. 2021. 「코로나19 이후 중남미 지역의 긴급대응 정책에 대한 고찰: 브라질과 멕시코 사례 를 중심으로」. ≪중남미연구≫, 40호(1), 33~68쪽.

한국국제협력단. 2019. "KOICA 대 중남미협력전략(2020-2024)".

Alonso, José Antonio. 2014. *Cooperation with middle-income countries: An incentive- based approach.* Madrid: AECID.

Bárcena, Alicia. 2021. "Desafíos de desarrollo y futuro de la cooperación internacional en la recuperación post COVID-19," Décima Reunión de la Mesa Directiva del Comité de Cooperación Sur-Sur, 18 marzo 2021.

CEPAL. 2019. *Informe de avance cuatrienal sobre el progreso y los desafíos regionales de la Agenda 2030 para el Desarrollo Sostenible en América Latina y el Caribe.* Santiago de Chile: Naciones Unidas.

Glennie, Jonathan. 2011. *The role of aid to middle-income countries: a contribution to evolving EU development policy.* London: ODI (Overseas Development Institute).

Keijzer, Niels, Krätke, Florian and van Seters, Jeske. 2013. "Meeting in the Middle?, Challenges and opportunities for EU cooperation with Middle-Income Countries." *Discussion paper No. 140*, ECDPM(European Center for Development Policy Management.

Milesi, Cecilia. 2016. *Cooperación Internacional con Países de Renta Media, Análisis y una aproximación crítica, Considerando los desafíos de América Latina y el Caribe.*

OECD. 2020. *Cities Policy Responses.* https://www.oecd.org/coronavirus/policy- responses/cities-policy-responses-fd1053ff/

OECD. 2021. "DAC List of ODA Recipients Effective for reporting on 2021 flows." http://www.oecd.org/dac/financing-sustainable-development/developme nt-finance-standards/DAC-List-ODA-Recipients-for-reporting-2021-flow s.pdf (검색일: 2021.3.30).

SEGIB. 2021. *Informe de la Cooperación Sur-Sur y Triangular en Iberoamérica 2020.* Madrid: Secretaría General Iberoamericana(SEGIB).

지은이

정상희

덕성여자대학교 스페인어과 학사, 멕시코국립자치대학교 중남미지역학 석사, 박사
한국국제협력단 상임연구원 역임, 현 계명대학교 부교수
주요 논저:『중남미 국제개발협력 입문』,『세계지역의 이슈: 갈등과 협력』 외 다수

임소진

이화여자대학교 초등교육과 학사, 이화여자대학교 국제대학원 국제학(개발협력 전공) 석사, 영국 맨체스터 대학교 개발정책학 박사
한국국제협력단 및 수출입은행 EDCF 선임연구위원 역임, 현 영국 센트럴 랭커셔 대학교 부교수, 한국학연구소 소장
주요 논저 : *The Evolution Story of South Korea from a Fragile State to an International Actor*, "The Paradox of Unsustainability in UN Sustainable Development Goals(SDGs): The North Korean Case in the Context of Accountability and the Fragile States under Sanctions" 외 다수

한울아카데미 2386

계명대학교 국제학연구소 학술총서05

중남미 국제개발협력의 변화와 전망
코로나19 이후 SDGs 체제에서의 과제

ⓒ 정상희·임소진, 2022

지은이 ┃ 정상희·임소진
펴낸이 ┃ 김종수
펴낸곳 ┃ 한울엠플러스(주)
편 집 ┃ 신순남

초판 1쇄 인쇄 ┃ 2022년 6월 15일
초판 1쇄 발행 ┃ 2022년 6월 30일

주소 ┃ 10881 경기도 파주시 광인사길 153 한울시소빌딩 3층
전화 ┃ 031-955-0655
팩스 ┃ 031-955-0656
홈페이지 ┃ www.hanulmplus.kr
등록번호 ┃ 제406-2015-000143호

Printed in Korea.
ISBN 978-89-460-7386-9 93340(양장)
       978-89-460-8198-7 93340(무선)

※ 책값은 겉표지에 표시되어 있습니다.